北欧モダンハウス
建築家が愛した自邸と別荘
和田菜穂子

MODERN HOUSES IN SCANDINAVIA
MATERIALIZING ARCHITECTS' DREAMS
NAHOKO WADA

学芸出版社

7人の建築家の夢 ── 家族と過ごした時間と空間

　北欧のゆったりとした時間の流れや、シンプルで良質な空間での過ごし方に憧憬の念を抱く日本人は多いだろう。彼らの豊かな生活の根源は一体どこからきているのだろうか？　歴史を紐解いていくと、モダン住宅がひとつのキーワードとなって浮かび上がってくる。

　北欧は地理的条件から、夏は短いが夜になっても太陽が沈まない白夜が続く。冬はその逆で、太陽の姿を見ることが極端に少なく、暗くどんよりした厳しい寒さの日々が続く。北欧の人々にとって、そのような特有の四季をいかに快適に過ごすかが長年の課題であった。そして照明器具や家具などのインテリアが発達し、日常生活の質にこだわりを持つようになったのである。特に家族と過ごす時間と空間を重要視しているのは、言うまでもない。

　グンナー・アスプルンド、アルヴァ・アアルト、アルネ・ヤコブセン、モーエンス・ラッセン、ヨーン・ウッツォン、アルネ・コルスモ、スヴェレ・フェーン。本書では、20世紀の北欧モダンの建築家と彼らの意思を受け継いだポストモダンの建築家の足跡を辿った。彼らの自邸、別荘、その他代表的な住宅を紹介するが、特に自邸と別荘は、彼らの実験の場として新しい試みがなされた。それには家族の協力、特に公私にわたるパートナーとしての妻の協力が不可欠であった。「成功者の陰に賢妻あり」とはまさしくこのことである。

　7人の建築家が追い求めた理想の住宅。彼らはどのようなプロセスを経て、その理想の住宅を実現させたのだろうか。18の代表的な住宅を巡り、妻や家族と過ごした時間と空間、そして《建築家の夢》を探っていきたいと思う。

目 次

7人の建築家の夢──家族と過ごした時間と空間	3
建築家相関図	6

1. グンナー・アスプルンド / GUNNAR ASPLUND　　7

アスプルンドの夏の別荘 / SUMMER HOUSE	14 / 18
[column] 終の住処	17
息子が語る、母イングリッドの魅力	32

2. アルヴァ・アアルト / ALVAR AALTO　　33

アアルト自邸 / OWN HOUSE	44 / 66
マイレア邸 / VILLA MAIREA	52 / 72
コエタロ（夏の別荘／実験住宅） / KOETALO	58 / 84
コッコネン邸 / VILLA KOKKONEN	64 / 92
[column] 共同生活の家ヴィトレスク	47
純真な女性アイノ	48
スウェーデンの茶室・瑞暉亭と日本建築ブーム	57
陽気で快活な後妻エリッサ	62
妻の城、キッチン・デザイン	90

3. アルネ・ヤコブセン / ARNE JACOBSEN　　97

ヤコブセン自邸 / OWN HOUSE	104 / 114
ヤコブセンの夏の別荘 / SUMMER HOUSE	106 / 116
ヤコブセン自邸（スーホルムⅠ） / OWN HOUSE (SØHOLM I)	108 / 124
コックフェルトの夏の別荘 / SUMMER HOUSE FOR KOKFELT	110 / 126
[column] 前妻マリーへの手紙	111
後妻ヨナとテキスタイル・デザイン	112
実験住宅クーブフレックス	123
フィン・ユール自邸	128

4. モーエンス・ラッセン/MOGENS LASSEN	129
モーラー邸 / VILLA MØLLER	132 / 146
ラッセン自邸 / OWN HOUSE	134 / 148
イェスパーセン邸 / JESPERSEN HOUSE	136 / 152
5. ヨーン・ウッツォン/JØRN UTZON	137
ウッツォン自邸(ヘルベック) / OWN HOUSE	142 / 156
ミッデルボー邸 / MIDDELBOE HOUSE	144 / 158
[column] 子供たちによる父ヨーン・ウッツォンと母リスの思い出	154
6. アルネ・コルスモ/ARNE KORSMO	161
ダンマン邸 / VILLA DAMMANN	166 / 178
ステーネーセン邸 / VILLA STENERSEN	168 / 180
コルスモ自邸 / OWN HOUSE	169 / 184
[column] 北欧デザインの女王グレタ・プリッツ・キッテルセン	188
7. スヴェレ・フェーン/SVERRE FEHN	171
シュライナー邸 / VILLA SCHREINER	176 / 190
建築家略歴	193
注釈	200
見学可能な建築所在地	203
あとがき	204
図版クレジット・主な参考文献・取材協力	206

頁数を併記しているものは、テキストページ / 写真ページ

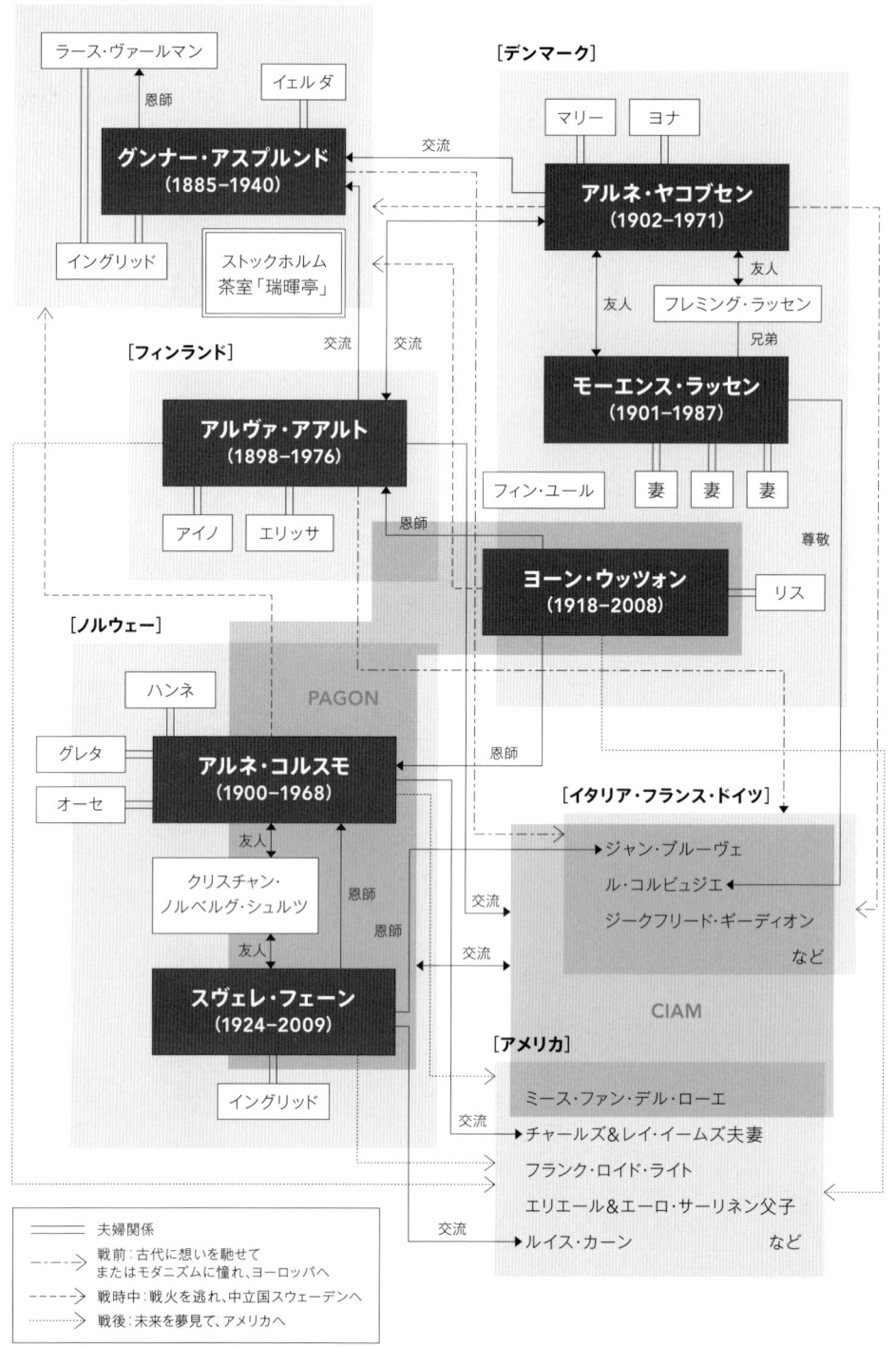

1

GUNNAR ASPLUND

SUMMER HOUSE

SWEDEN

GUNNAR ASPLUND
1885–1940
グンナー・アスプルンド

「北欧モダンの父」と呼ばれ、北欧の近代建築の礎を築いたエリック・グンナー・アスプルンド。新時代の幕開けとなった1930年のスウェーデン・ストックホルム博覧会で華々しい国際デビューを果たした。彼はそれまでの北欧ナショナル・ロマンティシズムの様式から一転し、鉄とガラスを用いたパビリオンを披露した。それ以降アスプルンドは北欧モダニズムの先駆者と見なされるようになる。しかしその後、国際的な普遍性を求めたインターナショナルスタイルではなく、北欧特有の地域性を活かした独自のモダニズムを探求する。

ナショナル・ロマンティシズムの隆盛
　アスプルンドは税務署に勤務する父をもつ中産階級の4人兄弟の3番目として生まれた。ストックホルムで過ごし、絵が上手な少年だった。しかし先生や親からアドバイスを受け、芸術家の道をあきらめ建築家を目指す。1905年から4年間、ストックホルムの王立工科大学で建築を学ぶ。当時の北欧の建築界では、風土に根ざしたナショナル・ロマンティシズムが席巻しており、彼が在籍していた王立工科大学でも、エリック・ラレーステッドやラース・イスラエル・ヴァールマンらが教鞭をとっていた。特にアスプルンドはヴァールマンに師事し、在学中から彼の仕事を手伝っている。王立工科大学卒業後も1年間、彼の事務所に勤務した。その後本格的に建築を学ぶため王立芸術アカデミーへ入学する。
　しかし王立芸術アカデミーはボザール的な古い因襲に囚われた教育方針であった。保守的な指導に疑問を持ち、未来に対する活路を見いだせなかった若者たちは、私設学校クララ・スクール[1]を開設する。彼らが理想の指導者として招いた教授陣は、当時第一線で活躍中のナショナル・ロマンティシズム派の建築家であった。例えばストックホルム市庁舎 (1904) を設計したラグナル・エストベリもその一人である。アスプルンドは創設メンバーの一人で、他にはシーグルド・レヴェレンツらもいた。

古典主義への回帰

アスプルンドの初期の住宅は、エストベリの影響が見受けられる。特にイギリスの田園住宅の非対称性をスウェーデンの住宅に採り入れようと、スネルマン邸(1918)では屈曲した壁や、微妙な角度の振れ、円形の広間を挿入し、自由な平面構成への挑戦が見てとれる。立面においても、開口部が少ない閉鎖的なデザイン、顔のようなファサードなど、何かを暗示させるアスプルンドの二重性が表れている。

この頃の北欧では古典主義への回帰が見られるようになる。アスプルンド自身も1913年から14年にかけてイタリアへ旅立っている。ローマ、ナポリ、ポンペイ、ヴェネチア、フィレンツェなど諸都市に現存する建築を実際に目の当りにし、その長い歴史と普遍的な美しさに圧倒され、1927年に再訪している。アスプルンドが新古典主義へと傾倒していったのはごく自然の成り行きであった。しかし厳格な古典的デザインよりも、思いがけない、ユーモアのあるディテールに惹かれたようである。イタリアの職人が何百年にもわたって建築に組み入れてきた、手の凝った彫刻的ディテールを特に評価し、スカンディア・シネマ(1923)、カールヨハン小学校(1924)、ストックホルム市立図書館(1928)など1920年代の作品にはそれが顕著に表れている。

森の礼拝堂と新婚旅行

アスプルンドが生涯にわたって取り組んだ森の墓地の設計競技は1914年に行われた。アスプルンドはクララ・スクールで一緒だったシーグルド・レヴェレンツと組み、見事一等を勝ち取った。ふたりの案は北欧の原始的風景に地中海の風景を取り入れ、自然主義的ロマン主義に根差したものだった。既存の森には手をつけず、メインの軸線以外は細い曲がりくねった道を設けた案である。なだらかな丘の上に十字架が孤高として聳え立つ姿は、自然の

ストックホルム市立図書館

森の墓地の丘の十字架

絶対的支配力を眼前に、人間の無力さを象徴している。

　ふたりは礼拝堂の設計をそれぞれ分担した。アスプルンドの森の礼拝堂（1920）は、深い森の中に現れる田舎の小さな教会を髣髴とさせる。列柱によって持ち上げられた大きな三角屋根が特徴である。アスプルンドは1918年、友人の妹イェルダ・セルマンと結婚し、その夏、彼女とデンマークのリーセルンドへ旅行し、自転車で巡っている。「ビッグメスターレン」誌のリーセルンド報告書によると、草葺屋根を単純な木の柱で支えたヒュッテンという園亭（あずまや）に感銘を受け、森の礼拝堂のデザインに着想を得て、すぐに設計変更したという。新婚のアスプルンドが旅先で感じた牧歌的風景がこの礼拝堂には取り入れられているのである。

　一方レヴェレンツのデザインした復活の礼拝堂（1925）は、より古典主義的なデザインに傾倒していった。風景に溶け込むというよりは、風景の中で威厳を放つデザインである。1935年以降レヴェレンツは共同設計者の立場を離れ、アスプルンドは一人で設計を続けた。しかしアスプルンドの没後、レヴェレンツは森の墓地のランドスケープデザインを引き継いで完成させ、1994年にはユネスコの世界遺産に登録されている。

北欧モダニズムの登場

　北欧にとっても、アスプルンドにとっても、大きな変革となったのは、1930年に行われたストックホルム博覧会である。主任建築家に任命されたアスプルンドは、それまでの伝統を打ち破り、新しい時代に見合った素材を採用し、ヨーロッパ諸国をあっと言わせる画期的なパビリオンを設計した。ガラスと鉄を用いたデザインは見る者に高揚感を与え、新時代への期待感を高まらせた。それは博覧会のプロデューサー、グレゴール・パウルソンの思惑通りで、20世紀のメルクマークとなるべく一大イベントに仕上げようと、

森の礼拝堂　　　　　　　　　　復活の礼拝堂

新時代にふさわしい表現の可能性をアスプルンドに託したのである。任命されたアスプルンドは一躍北欧モダニズムの寵児となった。

　最も目立つ建物はパラダイス・レストランと呼ばれるガラス張りの建物であった。円筒のデザインは新しい時代の象徴でもあった。その他、万国旗を掲げた入口館、交通館、照明館、広告塔などは、ロシア構成主義を想起させる。しかしアスプルンドを評価するには、実はその華々しい機能主義建築の形態だけで完結してはいけない。建築史家スチュアート・レーデによれば、ミース・ファン・デル・ローエ、ワルター・グロピウスらが軽視した問題、新しい都市をいかにつくりだすかに真剣に取り組んでいたことを評価すべきとしている[2]。アスプルンドは公園の中に海岸の散策地、袋小路、道路を整備し、仮設のパビリオンをちりばめた。これは従来の都市計画の手法をベースに考えられている。

北欧ロマンティシズムへの回帰

　しかし1930年代後半より、アスプルンドの建築はインターナショナルスタイルに対する反動が見られるようになる。ストックホルム博覧会以後、アスプルンドは冷静さを取り戻し、パウルソンの描く未来像が自分と異なることに気づき、彼とは距離を置くようになった[3]。機能主義はテクノロジーを主眼にしているが、アスプルンドはそれに意義を見出さず、北欧の伝統や歴史を回顧するスタイルへと傾倒していく。バクテリア研究所（1937）、ヨーテボリ裁判所増築（1937）、夏の別荘（1937、p.14 / 18）、森の火葬場（1940）などは、その傾向が顕著である。

　後妻のイングリッドによれば、当時アルヴァ・アアルトが1934年から1940年にかけて毎月1回は必ずアスプルンドの事務所を訪ねてきたという[4]。ふたりは機能主義建築に対する批判的な意見交換を行った。若かりし頃のアアル

ヨーテボリ裁判所増築

ヨーテボリ裁判所増築、内観

トは敬愛するアスプルンドの事務所で働くことを希望し、アスプルンドはその申し出を断ったという経緯がある。しかしふたりの交友関係は途切れることなく続いた。その頃増築されたヨーテボリの裁判所はアアルトの影響なのか、木を多用したインテリアで、デザイン・ディテールも類似している。

日本建築との出会い

この頃アスプルンドの事務所には海外からの来客がひっきりなしであった。日本からも建築家の今井兼次[5]が1926年8月26日に訪ねている。ストックホルム市立図書館の工事現場でアスプルンドに出会った印象を次のように述べている。「働きざかりの四十一と云う年を迎えた彼は、立派な体躯を持ち、新鮮な心境に育てられた作家の如く思われた。北欧の重みを持ち乍らも尚快活に正面入口から中央閲覧室の大きい曲壁に伝うてきざまれた階段を昇り、三層よりなるオープンアクセスの書架階に出でて円形閲覧室の鳥瞰をほしいままにし乍ら説明を加えて行った[6]」。アスプルンドはサッシの色について今井の意見を求めたり、高所を見るための踏み台を手で支えてくれるなど、初対面の今井に対し、親切に振舞ってくれたという。工事現場視察後はレストランで食事をしながら意見交換を行った[7]。帰国後、今井は『グンナール・アスプルンド』(1930)を出版し、新古典主義の建築家として紹介している。このようにしてアスプルンドに関する情報は日本に広まり、アスプルンド自身も日本の建築に興味を持つようになった。

1931年ストックホルム王立工科大学の教授に就任した際の記念講演で、アスプルンドは「空間の解体」をテーマに日本建築特有の内部と外部の連続性を語っている。プレゼンテーションに用いた日本建築に関する2枚の写真は吉田鉄郎から入手したものと思われる[8]。吉田は講演会の1カ月前にアスプルンドの事務所を訪れている。吉田は著書『スウェーデンの建築家』(1957)

森の火葬場 　　　　　　　　　森の墓地

でアスプルンドの印象について次のように語っている。「10月22日、晴。アスプルンドと彼の事務所ではじめて会う。(中略) 会ってみると、アスプルンドは実に謙虚な感じのよい人物である。しずかな調子で、ドイツやスウェーデンの新建築について語り、日本の建築、ことに引違い窓に興味をもっていて、その構造をいろいろと筆者にたずねる」。

アスプルンドの日本建築に対する関心は、1935年ストックホルムの国立民族博物館の屋外に建てられた茶室・瑞暉亭(p.57)でより一層高まり、会う建築家みなに日本の空間概念の本質を実際に体験するよう勧めている。

自然と触れあう建築

アスプルンドの性格は、とても律儀で時間に厳格であった。設計競技の締切前には余裕をもって仕上げ、クライアントとの信頼関係を重んじた。アスプルンドの下で働くことを希望する者は多かったが、所員の数は自分の手に負える範囲の5人以下とし、少数精鋭で事務所の仕事を切り盛りしていた。またおびただしいスケッチが残されていることからわかるように、アスプルンドはディテールに厳密であった。執拗なほどこだわり続け、そのデザインは常に二極性を持ち合わせていた。自然と人間、古典と近代、生と死、男と女など異なる諸相の解釈がアスプルンド建築には組み込まれている。非対称の形態、有機的なフォルムなど、心理的な情緒性を表現し、詩的な空間を創出している。さらに日本建築に共通する、自然との触れあいや環境との調和を考慮しているところにアスプルンドの魅力がある。

1940年急逝したアスプルンドに対し、盟友アアルトは追悼文の中で次のように述べている。「スウェーデン、とくにその建築界は大いなる損失をこうむった。現代建築の広い意味でのパイオニアであり、先導者であった建築家の第一人者が世を去った。(中略) 彼は自然やその形態の世界に直接触れることにより、建築自身の形態の模写や無味乾燥な構造主義を避けていった。私はアスプルンドに初めて会った時ですら、彼の作品のこの印象を生き生きと受けとった。完成数日前のスカンディアのインディゴ色の劇場ホールに私達は座っていた。『私はこれを建てながら、秋の夜と木の黄葉のことを考えた』と、アスプルンドは黄色の照明に照らされた輪郭のないホールを私に示しながら言った。私はここに並のスケールでは測れない建築があると悟った。アスプルンドの全作品には人間を含む自然との触れあいが常にはっきりと表れている[9]」。

アスプルンドの精神はその後、北欧の建築家たちに引き継がれていき、彼の霊魂は森へ還っていった。

SUMMER HOUSE
1936–1937
アスプルンドの夏の別荘

Sorunda, Sweden / photo: p.18–31

　アスプルンドが晩年に建てた夏の別荘は、彼の理想とするライフスタイルが掲げられた夢の住宅であった。敷地のステンネースはストックホルム郊外にあり、その地はひと目でアスプルンドの心を掴んだ。南は静かな湾を望み、背の高い雑草が湿原地に鬱蒼と茂っている。その背後には花崗岩が露出した険しい岩山があり、さらにその奥に深い森が広がっている。この手つかずの自然溢れるステンネースの一角に、アスプルンドは愛する妻や子供たちと過ごすための週末住宅を建てることにした。それは彼にとって、第二の人生を送るための場でもあった。それまで自邸を設計することのなかった彼が、家族と過ごすための夏の別荘を実現させたのは、再婚した妻イングリッドの存在が大きかったのであろう。

　初期の案では三つの棟が連なっている形態であった。これはスウェーデンの伝統的な農家をイメージしたものであるが、最終的には二つの棟を接続し、内部に三つの階段を設け敷地の高低差を解消している。白く塗られた小幅板が横に張られた外壁・内壁は、アスプルンド流の近代的表現であったと評する人もいるが、それまでの暗く陰湿な家庭環境を変えるための、彼の前向きな表現だったのではないだろうか。

　夏の別荘はリビング棟と居室棟の2棟によって構成されている。リビング棟は湖畔の眺望を確保するため角度が振られている。この手法は初期のスネルマン邸(1918)の平面計画にも見られ、アスプルンドの特徴の一つといえる。非対称とずれを意識しているが、ここではむしろ緩やかに自然に溶け込ませようと、あえてずらしているのである。また建築全体を生き物とみなし、「頭と尾」の構図にしているのもアスプルンドがよく用いる主題である。そういう意味でも夏の別荘はスネルマン邸の発展形といえるだろう。

　リビングの大きな窓からは、穏やかな湖面と、その前に点在する赤い別棟、ボート小屋、その周囲に広がる背の高い茂み、それらの上に広がる大きな空が1枚の風景画のように切り取られている。季節によって、天候によって、七変化する景色を眺めながら、アスプルンド一家はリビングでくつろいで

たに違いない。くつろぎの空間をさらに演出するために、彼は有機的な形のソファとテーブル、大きなカーブを描く暖炉をデザインしている。テーブルの脚は末広がりのデザインで、まるで森の教会の円柱のようだ。リビングの中心的存在の暖炉は、この夏の別荘の象徴として知られている。伝統的な農家のかまどをデフォルメしたとされるその暖炉のデザインは、世界初の野外ミュージアム・スカンセン[10]の中にあるOKTORPという農家のかまどによく似ている。アスプルンドはそれを実際目にしていただろうと指摘する研究者もいるが、別な見方もできる。緩やかな大きなカーブを描き、暖炉の火を包み込むデザインは、女性の子宮をイメージしたデザインなのではないだろうか。それは再婚した妻に対して求めた母性の表れと思えてならない。アスプルンドは子宮のように穏やかで安心できる母体のような空間をリビングに求めたのではないだろうか。リビングの天井はむき出しになった丸太梁が特徴の船底天井となっている。西側には作業机となる長い天板が機能的に組み込まれ、外部へ通じる扉の脇には簡易ベッドが備え付けられている。このようにアスプルンドの合理的なデザインと工夫が、この家の随所にちりばめられている。

　リビングの暖炉から数段上がったところにダイニングがある。このスペースにもフィヨルドを眺める窓があり、リビングとは少し異なる角度でその景色を堪能することができる。このダイニングには造り付けのベンチがあり、その下に籐で作られた収納棚がある。これもアスプルンドの機能的デザインの表現といえよう。素材に籐を使っている点も、その頃アスプルンドが籐に注目し始めたことの表れである。同時代に建てられたイェーテボリ裁判所増築（1937）においても、籐の椅子がデザインされている。籐は熱帯地方の植物であるが、曲げに強いため家具の素材として、その頃から北欧でも使われるようになった。なお、ここはエントランスホールとしても機能し、扉が二つ設けられ、一つは来客用、もう一つは家族用の出入口となっている。

　二つの玄関扉を持つ外部テラスには長い庇が架けられ、日光浴を楽しむことができる。ここは日本の縁側的存在といえよう。その玄関テラスにはアスプルンドがお気に入りだった赤い椅子が置かれ、青い玄関扉とのコントラストが楽しげで、訪問客を優しく出迎えてくれる。

　家の内部にはその軒下空間と並行して南北に廊下が走っており、ところどころに段差がある。これはなだらかな傾斜のランドスケープに従って住宅が建てられているためである。その廊下に沿って、ダイニング、寝室、子供部屋、が配置され、それらはすべて東側に窓を持ち、朝日を浴びることができる平

面構成となっている。

　「女性の城」ともいえるキッチンは170cmという長身の妻イングリッドに合わせて高さが決められている。彼女はアスプルンドに対して何か特別な要求はしなかったそうだが、こういうきめ細やかな配慮にアスプルンドのさりげない愛情が表れている。

　また、キッチンから数十m北に離れた林の中に、三角形のトイレ小屋がある。当時のトイレは汲み取り式で、住宅と別に設けるのが通常であった。目を引く愛らしいデザインは、林の中にあるトイレ小屋を子供たちが恐がらないようにというアスプルンドの気遣いなのではないだろうか。青いトイレ小屋の扉、赤いハートマークの鍵を収める箱など、そのユニークなデザインに思わず微笑んでしまう。そのトイレ小屋の中を覗くと、二つの便座が並んでいる。二人連れ立ってトイレへ行っても、外で一人が待つことなく、一緒に用が足せるという、家族に対する愛情が込められたデザインである。

　同じようにアスプルンドは、ゲストハウス、ボート小屋を、美しいランドスケープの中に点在させた。それらは母屋とは異なることを示すため、赤色にしている。

　北欧は厳しい気候と向き合わなければいけない地理的条件があるため、常に自然に対する畏敬の念がある。自然と人間が対峙するなか、どのように愛する家族と暮らしていくかが問われる。厳しく長い冬を乗り越えた後にやってくる短い夏を満喫するため、夏の別荘や週末住宅に対する思い入れが他の地域よりも強いのである。

　このように見てくると、夏の別荘は晩年のアスプルンドのこだわりや実験が随所にちりばめられ、凝縮された建築であることがわかる。アスプルンドは1940年10月心臓発作でなくなるが、亡くなるまでの数年間、家族の暖かい愛に包まれ幸せだったに違いない。北欧の過去の伝統と、厳しい風土と、新しい実験的試みが融合したモダニズム住宅の傑作である。

終の住処

　1920年に設計した森の礼拝堂の門の銘板には次のフレーズが掲げられている。「今日は私、明日はあなた」(HODIE MIHI, CRAS TIBI)。これはイタリアやイギリスの墓地や礼拝堂などでよく見られるラテン語の墓碑銘である。

　その年アスプルンドは最初に授かった長男ウッレを亡くしている。偶然とはいえ、墓地という終焉の住処を設計していたアスプルンドの心の痛みは計り知れない。絶望の淵に沈んだアスプルンド夫妻の関係は、この不運な出来事を機に破綻し始める。その後ハンス(1921年生)とインゲマール(1924年生)という二人の子供を授かるが、愛する妻は精神のバランスを崩し、報われない思いを夫ではなく、宗教にすがるようになった。元々内向的な性格であった妻は、息子の死をいつまでも受け入れられず、より一層内に籠るようになった。尊敬する建築家ラース・イスラエル・ヴァールマン夫妻がアスプルンドの事務所の隣に引っ越してきたのはちょうどその頃である。アスプルンド自身も心の痛みを分かちあう相手をいつしか他に求めるようになり、ヴァールマンの妻イングリッドには心の内を開くようになっていった。

　アスプルンドとイングリッドが再婚したのは1935年。1940年に亡くなるまでの5年間、ふたりは夫婦として暮らし、一人息子ヨハン(1936年生)を儲ける。再婚当初アスプルンドは50歳、イングリッドは31歳だった。当時歳の差カップルはそれほど珍しくなく、前夫ラースとイングリッドは35歳の歳の差があった。来客の多いアスプルンドの事務所では、イングリッドの陽気な性格や立ち振る舞いは周囲を和やかにさせ、張り詰めた所員の緊張をほぐすことも多かった。

　アスプルンドは10年以上冷えきった結婚生活をしていたので、再婚後はそれを払拭しようと夏の別荘の設計に取りかかり、スウェーデンの伝統的な農家をイメージした、温かみのある素朴なデザインにした。彼の望んだ理想の家庭像を形で表現しているのである。彼は子供たちのために家庭内では笑いとジョークの絶えない会話に努め、自分たち夫婦の再婚のトラウマを吹き消そうと努力した。

　成長した息子ハンスは、アスプルンドの才能を引き継ぎ、建築家になった。現在夏の別荘は、イングリッドの孫娘が所有している。「今日は私、明日はあなた」という言葉通り、アスプルンドの意思は脈々と家族に受け継がれているのである。

森の礼拝堂の門

門の銘板

アスプルンドの墓

SUMMER HOUSE

アスプルンドの夏の別荘、外観

上.リビングの窓
右頁.大きなシンボルツリーからの眺め

下.平面図、断面図
右頁上.裏庭への出入口
右頁中上.裏庭への出入口階段
右頁中下.雨といと水を溜める樽
右頁下.メインエントランスと軒下空間

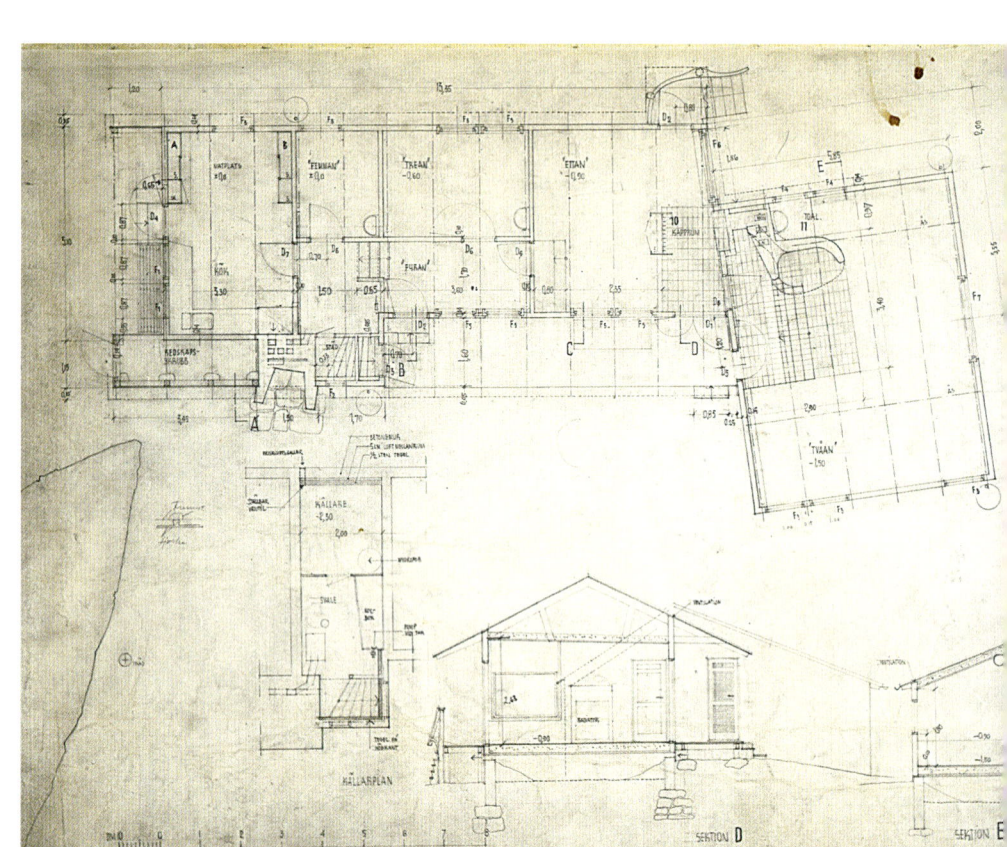

下．エントランスとダイニング
右頁．ダイニング

中．火の灯った暖炉
下．OKTORP（スカンセンにある農家）のかまど
右頁．リビング

左頁上.キッチン
左頁中.南北に走る段差のある廊下
左頁下.リビング
上.トイレ小屋
中.トイレ内部
下.岩山からの眺め

湖畔を望む眺め

息子が語る、母イングリッドの魅力

ヨハンを抱える母イングリッド（1936年頃）

アスプルンドの再婚相手イングリッド・クリング（1904–1979）との間に儲けられた一人息子ヨハンに母イングリッドの思い出を語ってもらった[11]。

イングリッドはとても魅力的な女性で、他の息子たちも美しい母親のことを自慢に思っていた。女性らしい内面と外面は、彼女と同世代もしくは年上の男性をとりこにし、夢中になる男性が後を絶たなかった。彼女はアスプルンドの死後すぐに再婚している。自分の連れ子が3人、3番目の夫の連れ子が5人、そしてその夫との間に一人娘を設けた。しかし3番目の夫もわずか5年後の1945年に亡くなり、イングリッドには9人の子供と、大きなアパートと夏の別荘が残された。

イングリッドはストックホルム生まれで、やや下の中流階級で育ち、10人の兄弟姉妹がいた。大家族には慣れていたが、一家の大黒柱として残された9人の子供を養わなければならず、1年間の修業の後、ストックホルム郊外にベーカリーの店を持っている。社交的なイングリッドはよくゲストを家に招いては一緒に夕食をとった。その際必ず一番素敵な紳士の隣に座り、子供たちはその様子をよく観察していた。どのように彼女が女性らしく振る舞うのか、どのように男性の話に相槌を打ち、関心のある素振りをするのか。子供たちはお互いに目配せをして、イングリッドの様子をうかがった。

ヨハンによれば、母の自分に対する愛情や要求は格別だったという。1949年、彼女はヨハンだけをドイツへ送り、言語を習わせようとした。しかし片言のドイツ語ではドイツ人と上手く付きあうことができず、学校では落ちこぼれ、いい思い出は何も残っていないという。戦後のドイツは食料不足で、建物は焼け壊れ、戦前の面影はなかった。「スウェーデンに帰ることができるようにお金を送ってください」と涙ながらに手紙を送ったが、返事はなく、自分でなんとかしなければならなかった。

母イングリッドは1979年に亡くなった。ヨハンの人生の中で最も芯の強い女性であった。また強さだけではなく、愛情にあふれる女性でもあった。亡くなる直前、病床のイングリッドを見舞ったが、五度の結婚をした彼女の人生の中で、最も愛していたのは自分の父だったとヨハンは感じたという。アスプルンドの面影をもつヨハンの手をしっかり握り、静かに目を閉じ天国へ旅立っていった。

2

ALVAR AALTO

OWN HOUSE

VILLA MAIREA

KOETALO

VILLA KOKKONEN

FINLAND

ALVAR AALTO
1898–1976
アルヴァ・アアルト

　森と湖の国フィンランド。21世紀を代表する建築家アルヴァ・アアルトは、常に自然と人間との関係性を見つめ続けたヒューマニズムの建築家であった。1947年の論文「鱒と渓流」で次のように述べている。「建築にせよ、そのディテールにせよ、とにかく生物学に関連があるということです。それは大きな鮭あるいは鱒のようなものです。彼らは決して生まれながらにして成熟しているわけではないのです。（中略）魚の卵が成熟した生物になるのに時間がかかるように、何事も、思想の世界の中で展開して実を結ぶには時間が必要なのです。建築には他の創造的仕事よりも遥かにこういう時間が要るのです[1]」。つまりアアルトは、建築は生物のように時間とともに成長するものだと考えていた。ちなみにフィンランド語で「アアルト」は「波」を意味する。有機的な形態は、自分の名前である「波」や「水の流れ」を意識して生まれたデザインなのだろう。

父の白い机で学んだこと
　彼はフィンランド・オストロボスニアのクオルタネという小さな村に生まれた。父は測量技師で幼いアアルトは父のオフィスにある大きな白い机の下で遊んでいたことを深く記憶している。同様に白い机の上でも様々なことを学び、父の仕事を通じて、自然の有機的な地形を把握すること、自然との調和を心がけることなどを身につけた。ヨーラン・シルツ著の伝記に「白い机」というタイトルが付けられた理由である。
　祖父からは「森は人間なしで生きることができるが、人間は森なしでは生きていけない」という教えを受けた。祖父は森林業務官を務めていた。活発な母は地域の郵便局長であった。アラヤルヴィで暮らしていた教育熱心な一家は、子供たちに古典的な高等教育を受けさせようと、1903年にフィンランド語教育の本拠地ユヴァスキュラに引っ越す。それまで家庭内ではスウェーデン語を話していた。好奇心旺盛なアアルトは語学や文学の高等教育だけでなく、絵を習ったり、ピアノのレッスンを受けたり、スポーツクラブに所属し

たり、様々なことに興味を持った。その頃のアアルトは絵描きになりたいと思っていた。

　幸せな一家に突然の不幸が訪れるのはアアルトが8歳の時である。大好きな母が急死するのである。父は子供のことを考え、その妹フローラと再婚した。フローラは父の心配をよそに、子供たちから愛される人気者となり、「マンム」という愛称で呼ばれた。

　絵の上手い少年アアルトが、画家ではなく建築家を目指したのは、測量技師の父親の影響が大きかったものと思われる。9歳の頃、エリエール・サーリネンの建築を雑誌で見たことも、建築に興味を持つきっかけとなった[2]。アアルトは高校の卒業試験に合格した後、夏の期間トイヴォ・サレルヴォという建築家の下でインターンシップを行ったが、巧みな話術と頭の回転の良さから「君は建築家には向いていない。新聞記者になった方が良いだろう」とアドバイスを受けたという。それにもかかわらずアアルトは1916年ヘルシンキ工科大学（現在のアアルト大学）に入学し、建築を学ぶことを選択する。女子学生にはその頃から人気者で、父は「いつも紳士でいなさい」とアドバイスをしていた。

　フィンランドで市民戦争が起こると、アアルトは右翼運動に加担しているのではないかと疑惑を受け、あやうく投獄されそうになるという出来事もあった。市民戦争の影響で、大学の授業が度々中断されることもあったが、アアルトの才能を引き出した建築家との出会いがあった。一人はウスコ・ニューストロムで、彼からは古代および中世の建築史を学んだ。ニューストロムは既成のものや型にはまったものを嫌悪する性格で、自由な発想を持つアアルトとフィーリングが合ったのだろう。もう一人はアルマス・リンドグレンである。彼からは近代建築や構造の原理について学んだ。リンドグレンは、エリエール・サーリネン、ヘルマン・ゲゼリウスらと共同生活の場ヴィトレスク（1904、p.47）を設計したことで知られている。フィンランドでナショナル・ロマンティシズムを展開していた建築家であり、その最高傑作はヘルシンキ中央駅（1919）である。アアルトの初期の建築にはリンドグレンの影響が読みとれる。彼も気取らない性格で、ユーモアあふれる授業は学生に人気だった。リンドグレンによるイタリア・ルネッサンスの講義に深い関心を抱いたアアルトは、新婚旅行を念願のイタリアの地に決めた。

　ところでアアルトの建築家としての最初の仕事は、アラヤルヴィに引っ越した両親の家の改築（1919）であった。これは母親の愛称にちなんで、後に「マンムラ」と名づけられた。1950年代になると都市計画のため立ち退きせざる

をえず、町の行政はマンムラの移築を提案してきた。有名になったアアルトへの配慮があってのことだろう。しかしアアルトは移築を断りマンムラは解体された[3]。

その頃、測量技師の父は職業柄いろいろな土地を回らなければならず、1923年に自動車を購入している。それはアラヤルヴィ初の個人所有の自動車であった。アアルトは指をくわえて見ていたが、1927年にトゥルクの農業協同組合ビルの設計料が入ると、父を真似て自動車を即購入。新しいモダンなものにすぐに興味を示すアアルトは、蓄音機やカメラなども購入し、テニスなどの新しいスポーツにも興じていた[4]。

ユヴァスキュラ時代 —— アイノとの結婚

ヘルシンキ工科大学卒業後、アアルトは1923年から27年までユヴァスキュラに「建築・モニュメンタルアート事務所アルヴァ・アアルト」を設ける。すぐにアイノ・マルシオが入所し、事務所の金庫番となった。ふたりは間もなく付きあいはじめ、わずか半年たらずの1924年10月6日に結婚。アアルトは結婚した理由を「多額の借金をアイノに背負っているから結婚以外に免れる方法がなかった」と照れ隠しに述べている[5]。ふたりはイタリアへ新婚旅行に出かけた。当時非常に珍しく飛行機を使っての旅行であった。新婚旅行の1カ月半の間、ふたりは地中海の温暖な気候の中で様々な様式の建築に触れ、強いインパクトを受けた。それらは大量のスケッチとして描き残されている。金遣いの荒いアアルトは、出発後わずか2週間で所持金が足りなくなり、事務所にお金を送金するよう電報を打っている。例えばイタリアで一目で気に入った椅子を何脚も購入している。それはムンキニエミの自邸（1936）のダイニングに置かれているものである。ふたりはこのようにお金を湯水のように使い切り、当初の予定よりも早く帰途についた。

しかし初めてのイタリア旅行は、アアルトにとって一生忘れられない思い出となった。1954年「カザベッラ」誌に次のように述べている。「私はいつも心の中でイタリアへ旅をする。それは記憶の中に生き続けている過去の旅かもしれない。（中略）いずれにせよ、そんな旅が私の建築作品には欠かせない[6]」。彼にとってトスカーナ地方が最も印象に残り、「ユヴァスキュラを北のフィレンツェにしたい」という野心を燃やすことにつながった。

ところでアアルトの金銭感覚について、後に建築史家ジークフリード・ギーディオンの妻カローラが次のように述べている。「彼の家はこじんまりとしていて質素なのに、旅をする時は王公のような気前の良さでしたよ。逆に私

たちはつましい旅をして、家にお金をかけるのが普通でした[7]」。

　アアルトは新婚旅行後、「ドア・ステップからリヴィング・ルームへ」というエッセイを書いている。イタリア・ルネサンスの画家フラ・アンジェリコの〈受胎告知〉を分析し、次のように述べている。「この絵は"部屋の入り方"の理想的な例を示している。(略)家の戸口の正しい位置は、道路や通りから庭に入る部分である。庭の塀が事実上の外壁であり、その内側では、単に建物と庭だけでなく、屋内の部屋との間にもオープンなつながりを持たせるべきである。部屋が家に属するのと同様、庭も家に属するのだ[8]」。そしてエッセイの中で「屋根の下に持ち込まれた開放的な外界としての象徴」を述べ、それをわかりやすく説明するために、ヴィラ・ヴァイノラ(1926)を事例に出している。ヴィラ・ヴァイノラはアラヤルヴィで測量技師として働きはじめた弟ヴァイノのために設計した住宅である。吹き抜けの玄関ホールの上に、洗濯物を干すためのロープを張り、「日常生活の気取りのなさを建築の主要素にし、ナポリの路地を思わせる光景をフィンランドの住宅のインテリアに採り入れた」と述べている[9]。アアルトはこの頃から外部と内部が緩やかに繋がる住宅設計を意識していた。

　1920年、アアルトはスウェーデンを訪れ、ちょうど森の教会(1920)が完成したばかりのグンナー・アスプルンドの事務所を訪ねた。アアルトはラグナル・エストベリよりも若くて独創的なアイデアを持つアスプルンドの下で働こうと思っていた。しかし少数精鋭の彼の事務所では、若いインターンは必要とされず、あっさり断られてしまう。その後1923年にも再度スウェーデンを訪れ、ますますアスプルンドの建築に魅せられたようである。例えばアスプルンドのファサードに見られる、窓の配置をわざとずらすことを、アアルトは労働者会館(1925)などで試みている。またアラヤルヴィに建てたヴィラ・フローラ(1926)の軒下のデザインも、森の教会の影響を受けている。

自邸のアトリエにて設計を行う
アルヴァ・アアルト (1940年代)

これは妻アイノが設計した夏の別荘で、アアルトの母のフローラの名前をとったものだ。目の前に広がる湖で、裸で水浴する家族の姿が度々見られ、湖はさながらアアルト一家のプライベートビーチと化していた。自由奔放な一家はのびのびと短い夏を謳歌した。

　また初期の代表作の一つであるセイナヨキの自衛団複合施設 (1925) はアスプルンドの影響とイタリアのネオパラッディオの様式がミックスしている。ムーラメの教会 (1929) も同様である。このように1920年代前半は、大学で教えを受けた新古典主義の建築を展開しつつ、尊敬するアスプルンドの影響がうかがえる。

トゥルク時代──建築家との交流

　1925年に娘ハンニが生まれ、2年後の1927年、一家はトゥルクへ移る。新聞社のトゥルン・サノマットビル (1930) のためである。翌年息子が生まれ、祖父の名前をとってハミルカと名づけられた。その頃からアアルトは機能主義建築に傾倒し、そのスタイルを確立させたのがパイミオのサナトリウム (1933) である。結核患者のための病室は、色彩、照明、暖房などを十分考慮して設計され、特に洗面台の蛇口から流れる水がボウルに当たってはねないよう、また音がなるべく出ないよう配慮された。アアルトはこのように人間にやさしい設計を生涯にわたり心がけている。トゥルクでは建築家エリック・ブリュッグマン夫妻と親交を深めた。

　1928年には「アイッタ」誌が夏の別荘のコンペを発表。簡単に量産できる大小の規格住宅が課題であった。アアルトは二つとも1等を獲得している。大きい方の別荘は「メリー・ゴー・ラウンド」という名で、リビング、キッチン、メイド室、寝室二つ、サウナが中庭をぐるりと囲んでいるプランである。中庭はダンスのためのスペースとして考えられていた。アアルトはこの頃より

セイナヨキの自衛団複合施設　　　　　　　　　ムーラメの教会

採光や周囲との関係性、内部と外部のつながりを考慮し、円形を切った弓形を提案している。この閉じていない形態は、別荘でのアクティビティをオープンにさせ、モダンなライフスタイルを提示した。

翌年、CIAMの国際会議に出席し、ル・コルビュジエ、フェルナン・レジェ、モホリ・ナジ、ワルター・グロピウスらと出会い、当時の建築界、芸術界をリードする革新的なメンバーと交流を深める。アアルトの実力を認めたアスプルンドは、次第に一人前の建築家として彼の意見を求めるようになり、個人的な関係へと変化していった。ふたりの交流は亡くなるまで続き、家族ぐるみのものへ発展した。たとえば第2次世界大戦中にアアルトは娘ヨハンナをアスプルンドの後妻イングリッドに託し、彼女の子供たちもアアルトの子供たちと仲良く過ごしている。

ヘルシンキ時代——アルテックの創立

1933年にアアルト一家は拠点をヘルシンキに移す。その理由の一つはヴィープリの図書館（1935）の設計であった。ヴィープリは第2次世界大戦後にロシア領となったが、位置的にはヘルシンキの南にあり、トゥルクよりもヘルシンキの方がアクセスしやすかったからである。ヘルシンキに移ったアアルト夫妻は、郊外のムンキニエミに敷地を見つけ、自邸（1936、p.44/66）の設計を始める。

マイレア邸（1939、p.52/72）のクライアントであるグリクセン夫妻とは、美術史家ニルス・グスタフ・ハールが引き合わせてくれた。ハールはアアルト夫妻がデザインした家具を販売するアルテックの共同設立者である。アルテック社ではサナトリウムのためにデザインされたパイミオチェア（1929）が量販された。またフリーハンドで曲線を描いたガラスのサヴォイベース（1936）はイッタラで量販された。これはレストラン・サヴォイのためにデザ

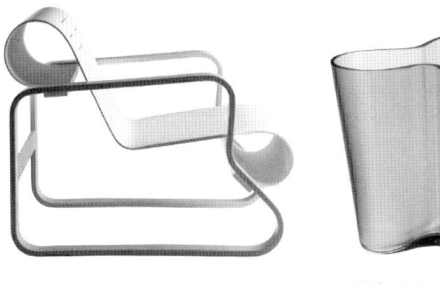

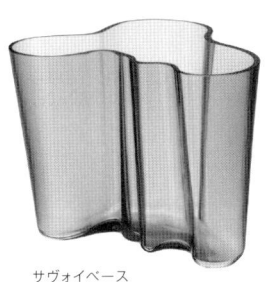

パイミオチェア　　　　　　サヴォイベース

インされた花瓶で、フィンランドの湖をイメージさせる形である。1937年パリ万博で発表され、その時はなんと会場ですべて盗まれてしまった、というエピソードが残されている。アルテックでは、アイノはテキスタイルのパターン、アアルトは照明器具のデザインなど、それぞれの得意分野を生かした役割を分担した。アイノはハールの後任として辣腕をふるい、アルテック全体のマネジメントを行い、売れ筋となる家具やプロダクトデザインを選定し、量産ラインの管理を行った。

アメリカ滞在──妻アイノの死

アアルトが初めてアメリカへ渡ったのは1938年のことである。ニューヨーク近代美術館で開催された「アアルト 建築と家具展」のためであり、ニューヨーク万博(1939)の準備のためでもあった。ニューヨーク万博では斜めにせり出した「オーロラの壁」を設けたフィンランド館が話題となり大成功を収め、これは後にアアルト・ミュージアムで復元されている。所員は「まるで火山が溶岩を吐き出すように際限なく建築のアイデアを湧き上がらせ、仕事の合間にはすっかりリラックスして、庭に咲いている花やその他の話ができる、そんなタイプの人間だった[10]」と述べている。アアルトは休憩時間には建築の話をせず、読んだ本の話などをして、得意の話術で冗談を言い、所員を楽しませていた。しかし締切前は3日3晩徹夜をし、結果が出るとパーティを行ったという。所員もドレスに身を包み、ダンスに興じた。

1940年にはアメリカのマサチューセッツ工科大学(MIT)に招聘され、ローコストの規格住宅のプロジェクトに参画。それは後に「AAシステム」と呼ばれる限られた建築資材による規格住宅へと発展していく。その頃フィンランドでは戦争色が濃くなり、逃げるように何度もアメリカへ渡っている。人脈を駆使し、MIT、プリンストン大学、コロンビア大学などで講義を行った。それと同時にアアルトの主な任務はフィンランドへの積極的な支援をアメリカへ呼びかけることであった。ロックフェラー家に近づき資金繰りを呼びかけたこともあった。その他、フランク・ロイド・ライト、ルイス・マンフォード、バックミンスター・フラー、エドガー・カウフマン・ジュニアとも交流を図り、ネットワークづくりに励んだ。

アアルトとアメリカとの関係はその後も良好で、戦後再びMITの教授として招かれている。アアルトはアイノ・インスティテュートとアルテック・センターの開設に奔走した。戦後のアメリカ滞在は、1945–46年3回、1947年2回、1948年2回を数える。MITの学生寮ベーカーハウスの設計がその理由であっ

た。多忙なアアルトは妻アイノからの手紙だけを心待ちにし (p.50)、それ以外は開封しないまま机の上に山積みにしていた[11]。寮のインテリアにはもちろんアルテックの家具が備え付けられた。

　1948年11月、アアルトはMITの仕事を途中にしたままフィンランドに帰国する。妻アイノの癌の進行が思っていた以上に早く、余命いくばくもなかったからだ。アイノは1946年に手術を受けていたが、末期癌で手遅れだった。アアルトの帰国後、惜しまれつつこの世を去っている。グレゴール・パウルソンによる弔辞は、アアルト夫妻の関係性を言い得ている。「アアルトが燃え上がる炎なら、アイノは穏やかな水のようだった[12]」と。

赤の時代── エリッサとの再婚

　失意のアアルトはアイノとの思い出が詰まった地中海やイタリアへ逗留し、インスピレーションの源泉と慰めを求めた。1949年ヘルシンキ工科大学のコンペでペンネーム "Ave alma mater, morituri te salutant"（大学よ、われわれの挨拶を受けたまえ、死にゆくものが君に挨拶をする）で、一等を獲得し、徐々に設計に意欲を取り戻しはじめた。セイナッツァロの役場 (1952) のコンペでも、旅によって得られた太古の記憶や土地の固有性などを取り入れ優勝し、アメリカで知った赤い煉瓦を用いながら、地中海沿岸地方に見られる中庭型の設計に取りかかった。アアルトの戦後の作品は、赤煉瓦を多用していることから「赤の時代」と呼ばれるようになる。アアルトはセイナッツァロ役場の設計担当であった若い建築家エリッサと恋に落ち、1952年に再婚。ふたりは役場からほど近いムーラッツァロ島に夏の別荘 (1954、p.58 / 84) を設計する。それはふたりの愛の巣となった。その一方で、建築家としての実験の場でもあった。アスプルンドと共通する「頭と尾」というコンセプトが、ここでも自然に表現され、周囲の環境とうまくバランスがとれている。

セイナッツァロの役場

アアルトのスタジオ

ヘルシンキの自邸に付属していたアトリエは、プロジェクトの拡大に伴い所員数が増え手狭になったため、自邸に近い場所にスタジオ（1956）を設けた。その頃ヘルシンキは戦後復興期にあたり、国民年金会館（1956）、ヘルシンキ工科大学オタニエミキャンパス（1958）など、大規模なプロジェクトが動いていた。

白の時代——晩年

　1955年、アアルトはフィンランドアカデミーのメンバーになり、1963年にはその代表となる。その頃出会ったのがフィンランドを代表する作曲家ヨナス・コッコネンで、後に彼の自邸（1969、p.64 / 92）を設計している。1955年頃からアアルトの建築は「白の時代」と呼ばれるフェーズに移行する。ヴォクセニスカの教会（1958）、メゾン・カレ（1959）、セイナヨキの教会（1960）など、白い外壁の建築が数多く設計される。仕事の依頼はフィンランド国内のみならず国外にも広がり、例えばデンマーク第三の都市オールボーに北ユトランド美術館（1972）を設計している。かつてアアルトの事務所で働いていたデンマーク人建築家のジャン・ジャック・バリュエルとの共同設計で、自然光を取り入れるためのハイサイドライトの曲面壁が特徴である。アアルトが生涯にわたりこだわり続けた自然光と人工照明とのバランスが見事に結実した建築である。

アアルトの目指したパラダイス

　1957年には最愛の母フローラ（通称マンム）を亡くしている。アアルトは女性に対し常に母性を求め、特に実母の面影を追い続けていた。もちろん育ての母フローラの存在も大きかった。

　ところでアアルトは1957年にスウェーデンで行った講演会「建築家のパラ

セイナヨキの教会　　　　　　　　　　　　北ユトランド美術館

ダイス考」で、次のように述べている。「建築には人目につかない片隅でチラチラと顔をのぞかせる隠れた思想、パラダイスをつくろうという思想があります。それこそ私たちの建物がめざす唯一の目標なのです。私たちが常にこの思想とともに歩まなければ、建物はどれもこれもさらに単純でつまらないものになってしまうでしょうし、生活も、大体からして、そんなものが生活といえるでしょうか。どの建物にも、建築芸術を象徴するどの作品にも、人々のために地上にパラダイスをつくろうとしていることを伝えたいという願いが込められています[13]」。

アアルトが目指した「建築のパラダイス」は住宅作品を検証することで、より深く理解できる。アアルトは生涯にわたり、100以上の住宅を手掛けており、大まかに三つに分類される。一つめは友人、知人のために建てた住宅、二つめは企業から依頼された住宅、三つめは規格化住宅。本書では一つめの友人、知人のために建てた住宅を取り上げている。

彼は新婚旅行で訪ねたイタリアへの慕情が常にインスピレーションの源泉となっていた。イタリアではコミュニケーションを図る場が、外に閉じた中庭や広場である。セイナッツァロの役場だけでなく、コエタロ、マイレア邸、コッコネン邸でも庭を重視し、「通りには背中を向け、庭へは家の顔を向けるべきだ」と述べているように、メイン・ファサードは外に対して閉じていた。アアルトが設計した学校、教会、役場などの公共建築でも、住宅で用いられた建築言語がスケールを変え、繰り返し現れている。「住宅こそ実験の場である」と考えていたアアルトは、自由に設計を任せられたマイレア邸、コエタロをまさに実験の場とし、新しいことを試みた。

アアルトが晩年になっても繰り返し開いていた本がある。祖父から貰い受けた「発明の本」である。科学や技術の進歩に興味を抱いたのは、測量技師の父や祖父の影響が大きい。エリッサはしょっちゅう彼がこの本を読むので「頁の脱落を防ぐために何度も補強しなければいけなかった」と述べている[14]。この本はあらゆる角度から見た住宅建築を豊富に扱っている。特に、宇宙や自然の普遍に関する思想に関心を持ち、パラダイスを求めていたようである。

アアルトが亡くなるのは1976年。死後は妻エリッサが仕事を引き継いだ。

OWN HOUSE
1935–1936
アアルト自邸

Helsinki, Finland / photo: p.66–71

　アアルトとアイノが二人の子供を連れ、トゥルクから首都ヘルシンキに移ったのは1933年のことである。小さな町よりも都市の方が仕事の機会に恵まれるだろうと考えたからだ。1935年、新しい生活の場を郊外のムンキニエミに決め、自邸の設計に取りかかる。その後設計したマイレア邸に比べると質素な佇まいであるが、若い建築家夫妻にとっては十分な広さの敷地であった。この住宅はアアルトがヘルシンキで初めて実現した建築であり、一種の名刺代わりとしての役割を担うことを想定していた。

　道路側から見ると、かなり閉鎖的な印象を持つ。しかし玄関へ導く敷石が誘導してくれるおかげで、少しだけその閉鎖性が解かれている。建物はL字型で、居住スペースと仕事スペースの2棟が連なっている。数人のスタッフが働くオフィス棟は白いスタッコが塗られた煉瓦造の建物で、屋根がV字型になっているのが特徴だ。家族が暮らす住居棟はそれに寄り添うように隣接しており、ダークカラーに着色した小割板は、わざと張り方や継ぎ目を不揃いにしている。これはカーテンのようなやわらかさを感じさせる効果を持つ。家の外周にはつた性の植物を這わせるようトレリスが設けられ、四季に応じて変化する「緑のカーテン」ができあがった。「庭も部屋の一部」と考えていたアアルトにとって、植物は建築のインテリアのようだった。二つの棟はとても自然な流れで連続して繋がっている。南に回るとそこはなだらかな傾斜地になっており、豊かな自然が広がっていて、いかに庭を広くとるよう計画されたのか実感できる。建物を可能な限り道路側に寄せている。アアルトは庭側に家の顔を持つことを主眼にしているので、無機質な道路側のファサードに比べると庭側のファサードは変化に富んでいる。

　さて住宅内部を見てみよう。リビングに入ると大きな窓ガラスの向こうに続く緑豊かな庭が目に飛び込んでくる。これはマイレア邸と同様の手法である。リビングは一番居心地の良い場所に設置された。仕事場としてのアトリエはリビングに隣接していて、スライド式のドアによって開閉可能である。アアルトは仕事場と生活の場を緩やかに繋げ、スタッフも家族の一員と考えた。

アトリエは2層吹き抜けになっており、テラスに抜けることができる。後にスタッフの人数増加に伴い手狭になったアトリエは、自邸から徒歩圏の場所にスタジオ（1955）として新設された。

　住居棟に関しては、上下に機能区分されている。それは外壁の色によって見分けることができる。1階はセミプライベートなスペースとし、リビング、ダイニング、キッチンを設けた。リビングには妻アイノが愛用していたグランドピアノが置かれている。家具はほとんどがアアルトによるデザインで、実験的に用いていたようだ。ただしダイニングに置かれた木彫の椅子だけは別格で、アアルトとアイノが1924年に新婚旅行でイタリアを訪ねた際、お土産として買ってきたものである。またダイニングに吊るされたペンダントライトはセイナッツァロの役場のためにデザインしたもので、これは後に取り付けられている。ここでダイニングの隅に置かれた古いトローリーに着目してほしい。これはアアルトとアイノが百貨店で見つけてきたアノニマスなデザインで、これにインスパイアされたふたりは、1937年にパリ万博にティトローリーをデザインしている。

　2階はプライベートなスペースとし、夫婦の寝室、子供部屋、ゲストルームを配している。2階のホールは家族が集まる場所で、朝食スペースとしても使われていたようだ。ここにも暖炉が設けられ、テラスへも移動できる。おそらく天気のよい日はテラスで食事をすることもあったであろう。夫婦の寝室には朝日がふんだんに入るよう東側に窓を設けている。しかしフィンランドなど光を希求する北欧では、西側に開口部を持ち、夕日を目一杯取り入れるのが一番よいとされている。アアルトもそれに従い、人が集まる1階のリビング、2階のホールは、西側に大きな開口部を設けている。そして2階のテラスには日よけのためのブリーズソレイユも設けられた。

　アアルトの古い友人で評論家だったグスタフ・ストレンゲルは1937年の夏、

ティトローリーの原型　　　　　ティトローリー

この自邸を訪れ、「今、セウラサーリにニエメラの農家を見に行ってきたばかりなんだ。そして現代版ニエメラの農家（アアルトの自邸）をもう一度見たいと思ってきたんだ[15]」と言ってしばらく居間でくつろぎ、その当日、銃で自らの命を絶っている。アアルトにとって彼のコメントはどの批評より嬉しいものであった。ニエメラの農家とは中部フィンランドからセウラサーリ島に運び込まれた1700-1800年代の塗装していないログハウスで、それぞれの機能別につくられた建物が中庭を囲んでいる。古めかしいが簡素で洗練されており、特に自然との調和が素晴らしい農家である。

　妻アイノは住宅設計に加え、庭づくりにも熱心だった。マイレア邸ではマイレが植栽にこだわったように、アイノも自分好みの植栽を加えた。既存の松の木の横に、リンゴの木、桜の木などを植え、日常生活に楽しみを持ち込んでいる。アイノは残念なことに、病気のため1949年に亡くなった。その後、アアルトは再婚し、二番目の妻エリッサと生涯ここで暮らした。アアルトが亡くなるのは1976年、エリッサが亡くなるのは1994年。現在はアアルト財団がミュージアムとして管理しており、見学可能である。

アアルトの娘、自邸のテラスにて (1937)

共同生活の家 ヴィトレスク Hitträsk（1904）

　ナショナル・ロマンティシズムの頂点ともいえる住宅として、フィンランドの3人の建築家が共同生活をしたヴィトレスク（1904）を挙げたい。エリエール・サーリネン（1873–1950）、ヘルマン・ゲゼリウス（1874–1916）、アルマス・リンドグレン（1874–1929）の3人は、1904年緑豊かなヴィトレスク湖畔を眺める敷地に、住宅とアトリエを兼ねた建築を建てた。フィンランドの土着的な表現を残しつつ、新しい生活のあり方を探求したものであった。ウィリアム・モリスの思想に共鳴し、アーツ・アンド・クラフツ運動に強く影響を受けている。「綜合芸術」を住宅に求めた彼らは、ヘルシンキに事務所を構えていたが、仕事に専念できる静かな場所を求めてこの地にやってきたのだった。

　赤い屋根に鱗の壁が特徴のサーリネンの住宅、それに連結しているのがリンドグレンの住宅、黒い外壁が特徴なのがゲゼリウスの住宅である。サーリネンの住宅の一部を3人の共同アトリエとして使っていた。この静かで閉鎖的な地で3人の家族は濃密な時間を過ごした。しかし彼らの共同生活は長くは続かなかった。スキャンダラスな出来事が3家族の間に亀裂をつくりだしたのである。サーリネンの妻マティルダがゲゼリウスの後妻となり、サーリネンはゲゼリウスの妹ロヤを妻として迎えるのである。仕事関係もぎくしゃくするようになり、ヘルシンキ中央駅（1919）を最後に3人の共同設計は終止符を打つことになる。

　リンドグレンは1905年ヘルシンキ工科大学の教授の話が舞い込むと早々にこの地を去り、サーリネンに土地と住宅を売却する。大学ではアールトらを指導した。ゲゼリウスは1916年に亡くなり、妻は土地と住宅をサーリネンに売却し、去っていった。サーリネン一家だけはしばらくこの地で安住していた。後妻ロヤは敷物などのデザインをし、才能を伸ばしていった。サーリネンはロヤとの間に二人の子供を儲け、娘ピプサン（1905年生）はインテリア・デザイナーに、息子エーロ（1910年生）は建築家になった。

　サーリネン一家も1923年にアメリカ・ミシガン州へ本拠地を移す。シカゴ・トリビューン・タワーの設計競技で2位になったのがきっかけである。その後、亡くなるまで祖国フィンランドに戻って生活することはなかった。しかし毎年夏になるとここでバカンスを過ごしていた。

　ヴィトレスクは1949年までサーリネンが所有していたが、ヴォリオ夫妻が買い取り20年間暮らした。現在は国の所有物となり、サーリネンの住宅はミュージアムに、ゲゼリウスの住宅はカフェとレストランに、リンドグレンの住宅はホテルになっている。ちなみに湖畔にあるサウナ小屋は後にレイマ・ピエティラが設計している。

サーリネンの住宅

共同のアトリエ

純真な女性アイノ

　アアルトの最初の妻、アイノ・マルシオ・アアルト（1894–1949）は、アアルトより4歳年上である。ふたりの出会いはヘルシンキ工科大学に在学中ではないかと推測される。アイノは1913年に入学し、1920年に卒業している。その間に建築事務所やランドスケープ事務所でのインターンの経験がある。一方アアルトは1916年に入学し、1921年に卒業している。アアルトは登校初日、女子学生のドローイング室に入り、すべての女子学生の図面に手を入れた、というエピソードが残されている。その時ふたりは出会っていたか不明だが、1923年にアラヤルヴィを旅行中のアイノは「アルヴァ・アアルトは知っているか」と聞かれた際、「ああ、あのならず者ね」と答えたという[16]。尋ねたのは実はアアルトの父だったというオチなのだが、アイノがアアルトのことを知っていたのは確かである。その翌年アイノはユヴァスキュラに移動し、アアルトの事務所の門を叩いている。ふたりが結婚したのはそのわずか半年後の1924年10月6日。アイノはアアルトの家族に大歓迎され、特に母フローラに気に入られたようだ。その後ふたりはアアルトの家族が住むアラヤルヴィに小さな別荘を建て、その名もヴィラ・フローラと名づけている。アイノは二人の子供ヨハンナ（1925年生）とハミルカ（1928年生）を儲けた。

　アイノはアアルト事務所では所員の一人ではなく、独立した建築家として地位を確立していた。アアルトが男女平等主義を唱えていたからである。彼

アイノとアアルト（1947）

は自由な想像力を形にするアイデアを持ち合わせていたが、正確性と忍耐力を必要とするドラフトマンの作業はアイノに頼らざるをえなかった。こうしてふたりの協働作業はアイノがなくなるまで続いた。図面を見ると、アイノの担当したものには「del AM(Aino-Marsio)」または「AM-A (Aino Marsio-Aalto)」とサインが記されている。アルテックの仕事ではAM-Aが用いられていた。

　アイノは育児と家事に追われることが多く、コンペや独自性のある仕事を分担した。特にインテリアデザインの分野で活躍し、キッチン、子供部屋、家具、展覧会のレイアウトなどで、持ち前の実力を発揮した。

　1935年、家具の製造会社アルテックを設立する。同年、夫とともにスイス、フランスへ視察旅行に出かけ、ゼブラ柄のファブリックに出会い、以降彼女のお気に入りのモチーフとなり、家具の張地に好んで使うようになる。アルテックをマネジメントしていたニール・グスタフ・ハールが1941年に亡くなると、アイノは実質上の経営者となる。彼女はデザイナーとしても辣腕をふるい、椅子や棚、照明、テキスタイルなど、数多くのプロダクトデザインを手掛けた。ガラス製品はアアルトの有機的な形のフラワーベースが有名だが、アイノも様々な実用的なガラス製品を開発し、1936年にミラノ・トリエンナーレで金賞を受賞後、現在もイッタラでタンブラーなどが製造されている。多才な能力を持つアイノは写真好きでもあった。アアルトの旧友モホリ・ナジに同行して以来さらに腕を上げ、単なるスナップ写真にとどまらず芸術性を増していった。

　母であり妻であり建築家であり経営者でもありデザイナーでもあり、様々な顔を持つ人物であったアイノ。お洒落にも気を使い、旅行の時はいつもファッショナブルな装いであった。自宅ではよくピアノを弾いていた。お気に入りはシベリウス、シューベルト、ベートーベン、モーツァルト、ショパンなどであった。娘が語る母アイノは、「シャイで、いつも言葉を選んで話す人だった」という[17]。それは父アアルトとは正反対で、社交的で陽気なアアルトに対し、アイノは堅実でしっかり者だった。ふたりはお互いを補う理想的なカップルであったといえよう。女好きのアアルトの素行に多少は目をつぶっていたようだが、時には嫉妬して不機嫌になることも多々あったようである。しかし「愛する小さなアイノへ」と綴られた出張先からの手紙を見ると、アアルトはアイノに心底惚れていたことがわかる。大柄なアイノへ「小さな」と綴っているのは愛情の表れであろう。また筆不精で有名なアアルトは、友人知人へ手紙の返事を書くことはほとんどなかったが、アイノにはまめに出張先から手紙を出している。しかも内容は事細かに綴られており、まるで母親に報告するかのような甘えたところがあった。実母を早くに亡くしたアアルトは、年上のアイノに母性を求めていたのだろう。

　ここでふたりが交わした愛の往復書簡を一部紹介しよう。

1933年8月20日チューリッヒより
愛しい、愛しい、小さなアイノ。夜の静けさの中でこの手紙を書いています。私はギーディオンの家に滞在していますが、手紙を書くための静かなひと時を見つけるのは結構大変でした。今回の旅の印象が鮮明になってきた今、穏やかな気持ちで特別に長い手紙を書きたいと思っています。マルセイユで君の手紙を受け取ってとても嬉しかった。優しくて思いやりのある手紙だったよ。(中略)
水曜日にはストックホルムにいます。そこで君に会えることを心待ちにしています。なぜかというと、アイノに心底惚れ込んでいるからです。そして君の滑らかな肌にキスをしよう。モホリは君のヌード写真(後ろ姿)を大いに喜んで「造形的ボディーライン」と言っています。…時間がある時はのんびり横になって君に会える時のことを考えています(私たちはまだまだ想像のできないほどたくさんお互いに得るものがあると思います。私は愛をそんなふうに理解しています)。
ル・コルビュジエと私は、マルセイユで二人だけで話をしました。彼は私にとても親しみを示してくれました。アテネでの私は、ギーディオンに言わせると「チャーリー・チャップリンのようだ」と思われたそうです。このような旅は自信を育ててくれるものだけれど、私と君は一緒に居てこそ大げさにならない均衡と正しい考え方を持てるのです(といっても、一緒に居る時はただエロティックに君のことを考えているかもしれないけれどね)。

小さな、小さな、小さなアイノへ。君のアルヴァより [18]

1945年11月ボストンより
愛する、愛するアイノ。この世で私たちの家族ほどすばらしいものはないと思う。私たちのあいだには大げさなところもなければ、もろさも全くない。それが私には嬉しいよ。万事が自然で明快なのは、まるでこの世でいちばんすばらしい建築のようだ、君のおかげだ。君は安心感を与えてくれるし、変わらぬ穏やかな温かさは、生活の中でも仕事をしている時も周りの者を落ち着かせてくれる [19]。

1945年11月30日　アイノの返事
手紙、何十回も読みました。言葉では言い表せないほど心を動かされて、温かい気持ちになりました。(中略)私の方にもまだまだ直すべき点がたくさんあると思います。あなたのその冷静さと楽天性はいったいどこからくるのだろうと、いつも不思議でした。小さないさかいがあった時も、ほとんどの場合、結局は正しいのはあなたの方でしたね。私は「大げさ」な傾向があって、なんとか直したいと思っているのです。あなたのような人と人生を分かちあえるなんて幸せです [20]。

アイノのデザインしたタンブラー

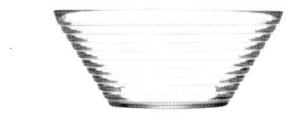

アイノのデザインしたボウル

1948年秋ボストンより
アメリカという国はどうも私には合わないようだ。フィンランドとアメリカを往復するというこれまでの生活が終わりに近づき、新しい仕事の時代がまもなく幕を開くと思うと、気持ちが落ち着いてくる。一人で多くの図面を描いているのだが、昔、コンペティションとかいろいろな設計を二人で協力しながらやっていた頃を思い出してしまうよ。最高の時代だったね。あんな生活をもう一度取り戻そうじゃないか。これまでのような仕事をやめて、君と一緒に家でできるぐらいのあまり大きすぎない仕事をしたいね[21]。

　アアルトは1948年11月、建設中のアメリカMITの学生寮のインテリアをアイノと一緒に見に行く予定だったが、もはや末期癌に冒されていたアイノの身体はアメリカ行きを許さなかった。最愛の妻アイノの死期が近づきつつあるのを察し、アアルトはアメリカでの仕事を中断し、フィンランドに帰国することに決める。MITも事情を理解してくれ、休職扱いにしてくれた。アアルトはアイノが「余裕ができたらミンクのコートが欲しい」と言っていたことを思い出し、ニューヨークで最も美しいミンクのコートを知人に頼み手に入れた。質素で堅実だったアイノへの最後の贈り物である。当時ミンクのコートは富の象徴であり、価格は教授としての1年分の給料に匹敵するほどであった。1949年1月13日、ムキニエミの自宅でアイノが永遠の眠りにつくと、アアルトはそのミンクのコートを身体に掛けてあげた。
　近しい友人であった建築史家ジークフリード・ギーディオンの妻カローラは、アイノへ追悼文を捧げた。
「彼女は事務所でも仕事の上でも卓越した指導力を見せ、謙虚で控えめな中にも、ふつうの女性の好みや母親的な気遣いや人間としての自信を併せ持っていました。外面の穏やかで魅力的な印象は内面にも相通じ、彼女が愛した淡い色彩や、好んで使った白によく調和していました。彼女の思い出は必ずこの淡い色彩に繋がります。ニューヨークでは祝祭の白、チューリッヒではスポーティな白、イタリアでは真夏の白い服に身を包み、足には白いサンダルを履いた彼女の姿が目に浮かびます[22]」。
　白が似合うアイノ。清楚で純真な姿が思い浮かぶ。アアルトとのパートナーシップは、永遠の理想である。

VILLA MAIREA
1938-1939
マイレア邸

Noormarku, Finland / photo: p.72-83

「僕が一番興奮した場所はボイラー室だった[23]」と、クリスチャン・グリクセンは語る。彼はマイレア邸が完成した時7歳であった。忙しい両親は家を留守にしがちであった。しかし7歳の少年にとってマイレア邸は冒険できる秘密の場所や、探検できる豊かな大自然が周囲にあり、わくわくしていたに違いない。アアルトの息子ハミルカとよく遊んでいたようだ。ブーブーと音をたてるポンプやパイプが並ぶ地下のボイラー室が彼のお気に入りだった。クリスチャンは後に建築家になり、一時期アアルトの事務所で働いている。彼は自分の息子に、尊敬するアアルトにちなんでアルヴァ・グリクセンと名づけている。

20世紀を代表する住宅マイレア邸は、グリクセン家のハリーとマイレのために設計したもので、アアルトの最高傑作といえる。フィンランド語で「マイレア」とは「愛らしく、すばらしいもの」という意味があるが、もちろん施主の「マイレ」にちなんで名づけられており、二重の意味を持つ。アアルトも「愛情を込めた作品」と述べており、彼にとっても特別な思い入れがあった。この名称は竣工後に掲載された建築雑誌に載せられ、そのまま定着したものである。

グリクセン夫妻とアアルト夫妻はそれぞれ年齢の近い若いカップルで、当時ハリー35歳、マイレ30歳、アルヴァ39歳、アイノ43歳であった。二組のカップルはすぐさま意気投合し、彼らのそれぞれの名前をとってHAIRAL運動[24]という芸術のムーブメントを興した。

グリクセン夫妻はアアルトに費用のことは気にせずに自由に設計してよいと一任した。アアルトにとってこの住宅設計は願ってもない実験の場となり、千載一遇のチャンスをものにしようと、納得がいくまで図面に手を入れ続けた。しかも信頼のおける友人夫妻のための住宅である。アアルトの力の入れようは、何度も書き直された図面のアーカイブを見ればおのずと知れる。アアルトは当初、フランク・ロイド・ライトの落水荘をイメージしていた。さらに、尊敬するアスプルンドのスネルマン邸（1918）や夏の別荘（1937）も頭

にあったようだ。

　アァルトはそれ以前にハリーに依頼され、アームストローム社のスニラ製紙工場（1938）とそれに付属する労働者住宅（1938）、ヘルシンキにある夫妻のアパートの増築（1937）などを手掛けており、絶対的な信頼関係が築かれていた。妻のマイレはパリでフェルナン・レジェに師事し自ら絵筆も握る一方、フィンランド有数の現代アートのコレクターでもあった。蒐集したコレクションを展示するギャラリーを設置することが、この住宅の設計条件の一つであった。当初はアートギャラリーを別棟に設ける案を提示したこともあったが、最終的にはアアルトの手腕により、広いリビングスペースにさりげなくアートを飾り、日常生活とモダンアートの融合を結実させた。

　さて、マイレア邸の建築を見ていこう。アカマツやシラカバの木々がランダムに立ち並ぶ林道を通り抜けると、木々の合間から白い建物が見え隠れする。建物に近づくにつれ、住宅全体が醸し出す雰囲気と清楚な佇まいに心が躍る。さらによく目を凝らすと、次はディテールの豊富さに心奪われる。エントランスの突き出た庇は緩やかなカーブを描き、その下には庇を支える細い丸太柱が周囲の木々と連続するかのように立ち並んでいる。一方は細い丸太柱がルーバー壁のように林立し、もう一方はいくつかまとまって、大きな柱として庇の荷重を支えている。丸太柱の束は斜めに向いており、単調な垂直方向のリズムを壊したところがアアルトらしい粋なデザインといえよう。

　さて住宅内部に入ると、エントランスホールの目の前に、白い湾曲した壁が現れる。ちょうど目の高さである。その壁づたいに奥に目を向けると、4段ほど階段を上がったところにリビングが現れる。ここでまたランダムに配置された細い丸太柱が並んでいる階段に遭遇する。細い丸太柱の多用は、住宅内部に入っても林道が続いているかのような、奥へ奥へと誘導する効果がある。視線はさらにその奥へと向かい、暖炉に到達する。その横には緑溢れる

エントランスの庇　　　　　　　　　　連続した流動的な空間

景色が広がっており、あっと息をのむ。外から流れるように展開した視線の先に現れる美しい光景。庭には紺碧色に輝くプールが、まるでミニチュアの湖のように自然の中に溶け込んでいる。ドラマチックな展開に感動する瞬間である。なおこのリビングの大きな窓ガラスはスライドして開け放つことができる。アアルトは「自分の設計した建物やその建物を生み出したアイデアについて書くことより、自分の設計した建物を人々に直に体験してもらいたい」と常々語っていたが、その通りであった[25]。

リビングに隣接したハリーの書斎には光がすき間から漏れるうねる壁が上部に取り付けられている。書斎の床は絨毯が敷かれており、音を吸収するような工夫が見られる。リビングの隣には、ポール・ヘニングセンのデザインした現代的なピアノが彫刻作品のように置かれている。ここはミュージックルームと呼ばれ、リビングとは壁も設けず連続している。しかし床面を見ると、素材を変えて緩やかなカーブが描かれ、その区切りを示している。このようにマイレア邸における部屋の区切りは、床面の素材の変化を追っていくとわかりやすい。石が置かれた外のエントランスから始まり、エントランスホールでは平織のカーペット、そして木の階段を数段上り、リビングは茶色のタイル、その横のミュージックルームは木のフローリング、書斎は毛の長い絨毯敷き。まさにマイレア邸の導入部は五感で楽しむ空間といえよう。

ところでアアルトはちょうどその頃、日本建築に強い関心を持っていた。芸術品を時と場合によって架け替えるという概念は、日本の床の間に飾る掛軸や生花から影響を受けたものと思われる。この住宅で最も日本的空間として取り上げられるのがウィンターガーデンである。窓は障子戸のような格子のデザインになっており、壁には竹でできた棚が、掛け違い棚のように取り付けられている。床は石張りになっており、日本的な要素を肌で感じる。日本には「縁側」という中間領域があり、内と外を違和感なく繋げている。アアルトがこの空間やマイレア邸全体で試みているのは、まさに流動的な中間領域的存在であろう。植物を配したウィンターガーデンもしかり、外部に開放可能なスライド式のガラス戸を持つリビングもしかりである。またどの部屋にも窓辺にプランターやつる性の植物を配置し、窓の外に見える自然と内部の植物を連続させているのも、アアルトならではの手法である。

サウナについても触れておかねばならない。マイレア邸のサウナは独立した建物で、伝統的な慣習に従い、屋根は芝生で覆われている。そしてその前にある有機的な曲線を描くプールは、この庭には欠かせない強いインパクトを与えている。これはサウナの後に飛び込むために設けられたもので、湖を

模してデザインされた。この有機的な曲線はアアルトのデザインしたガラスの花器と同じようにフリーハンドで描かれたものであるが、すんなりと自然に溶け込んでいる。プールの横には堀り起こした際の土で盛られた築山があり、そこに植えられた1本の松はまるで日本の庭園を髣髴とさせる。プールサイドには休息スペースがあり、石を積み上げて作られた暖炉を中心に、屋外で過ごす家族団らんの場ができあがっている。サウナの北側にはパーゴラが作られ、緑の屋根が連続している。

　庭のデザインに関しては、ランドスケープデザイナーのパウル・オルッソンが手掛けているが、植栽については妻のマイレを中心に計画された。植物好きなマイレは、ハーブを植えたり、パーゴラに花の咲くつる性の植物を植えたり、様々な種類の草花、木々を植え、四季の移り変わりを楽しんでいた。マイレの2階のアトリエからは、庭がよく見渡せる。彼女のアトリエが一番大切な部屋であることは、外観ですぐにわかるであろう。黒い小割板で覆われ、緩やかな弧を描いている特別なデザインである。

　歴史家のジークフリード・ギーディオンがこの家を訪ねた時、次のように言ったという。「君がつくったのは建物じゃない。一遍の恋愛詩だよ[26]」。アアルトと施主のマイレは、とても親密な関係であったと噂されていた。たしかにマイレア邸には、叙情詩のような美しい物語性を秘めているように感じるのは私だけではないはずだ。

　現在マイレア邸はマイレア財団が管理し、庭はアームストローム社が手入れを行っている。グリクセン一家もたまに訪れ、世俗から隔離された自然豊かな別世界を楽しんでいるそうだ。

ウィンターガーデン　　　　　　　　　緩やかな弧を描くマイレのアトリエ

1 階平面図

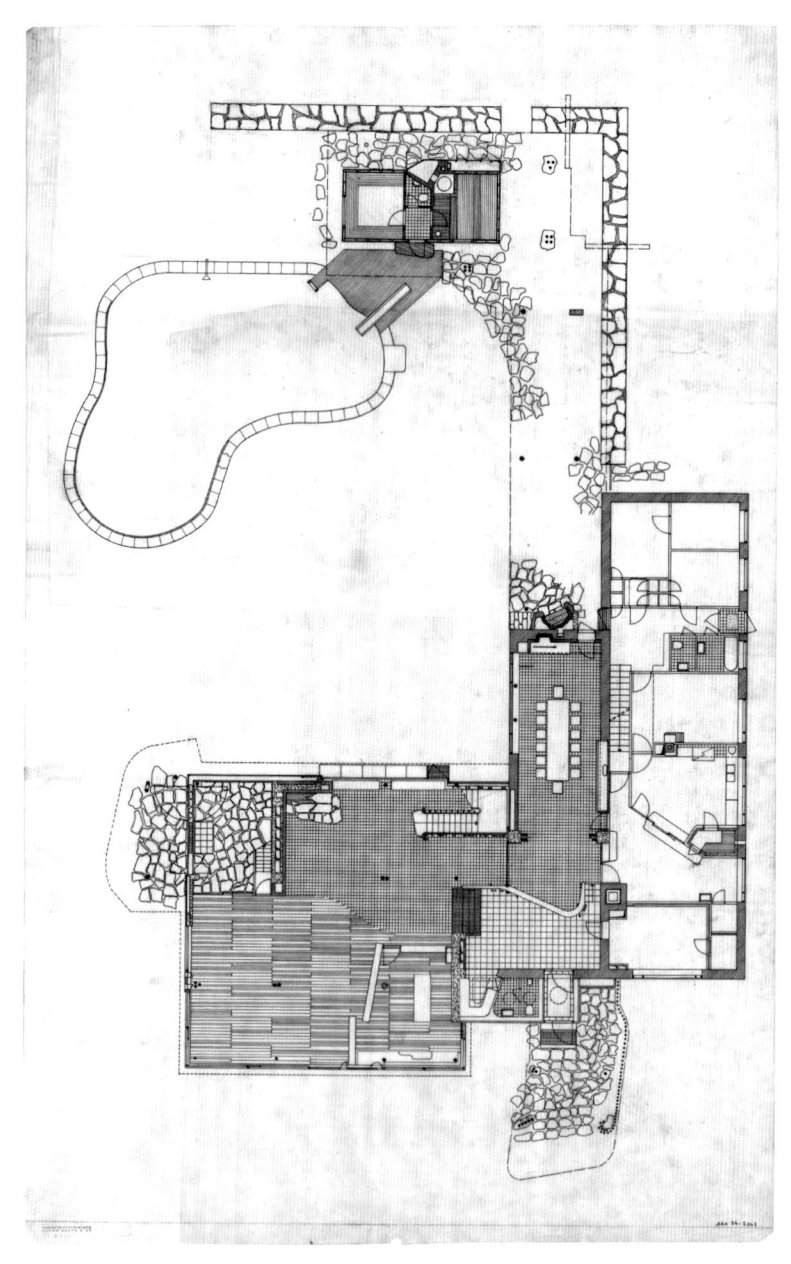

スウェーデンの茶室・瑞暉亭と日本建築ブーム

　北欧諸国に日本建築ブームを巻き起こす発端となった茶室・瑞暉亭。アアルトもやはりストックホルムの国立民族博物館に建てられた瑞暉亭を訪ねている。

　瑞暉亭が建設されたのは1935年。日本に滞在し茶道を学んだスウェーデン人女性イーダ・トローツィが、日本文化を広めようと発案したのがきっかけだった。当時博物館の館長であったG・リンドブロム博士が、駐スウェーデン日本公使を通して国際連盟日本支部に茶室の寄贈を要請したところ、日瑞協会副会長の王子製紙の社長の藤原銀次郎が中心になって尽力し、実現したという。藤原は茶人でもあった。スウェーデンの気候に合う茶室が見つからず、新しく設計することになり、その設計と施工は浮賀谷徳三郎という数寄屋の設計士によって行われた。当時63歳であったが、助手を一人だけ連れ、スウェーデンに渡り、建設を行っている[27]。瑞暉亭と名づけたのは日瑞協会総裁の秩父宮殿下である。瑞暉亭は1969年に不審火によって焼失するが、1990年に中村昌生による設計で新しく生まれ変わった。

　瑞暉亭の建設と同じ頃、フィンランドでも日本との関係を築こうと、フィンランド日本協会(1935)が創設される。アアルトはその創設者の一人であり、日本との関係は思いのほか深い。アアルト夫妻は日本大使の市河彦太郎・かよこ夫妻と親交があり、日本のおとぎ話や生け花、茶室に関する本を譲り受けていたことが、市河夫妻共著『フィンランド雑記』(1940)で明らかになっている。吉田鉄郎著『日本の住宅』がドイツ語で出版されたのも1935年のことである。このようにマイレア邸が設計されていた時期は、北欧諸国に日本建築ブームが巻き起こっていた時期と重なり、アアルトも例にもれず日本建築の虜になっていたことは想像に難くない。

瑞暉亭

KOETALO
(EXPERIMENTAL HOUSE)
1952–1954
コエタロ（夏の別荘／実験住宅）

Säynätsalo, Finland / photo: p.84–89

　フィンランドの夏は短いが、太陽が沈まない白夜が続く。高い木立に囲まれた岩盤の上に立つ夏の別荘コエタロ。さわやかな風がそよぎ、眼前には穏やかな湖が広がっている。釣りをしたり、読書をしたりして、ゆったり過ごすのが夏のバカンスの定番だが、アクティブなアアルトにとって、ここは単なる休暇小屋ではなかった。住宅自体を実験の場とし、住みながら試したのである。アアルトは「遊びの精神の中に取り入れた研究と、研究に取り入れた遊びの精神の融合を目的とした」と述べている[28]。この夏の別荘が別名「実験住宅」と名づけられた所以である。

　アアルトが掲げた実験内容は以下の四つである。木造のゲストルームで基礎のない構造を試みたり、多種多様な煉瓦を中庭の壁や床に張るなどして実験を試みているが、この四つのすべてを実験したわけではない[29]。

（1）基礎のない建物の実験。この場合、フィンランドの堆石岩層の自然石に置かれた対角線状の梁が、支点の位置が不規則であるにもかかわらず、木造建築物を安定させている。
（2）自由な柱の位置の実験（直線上に並ぶ列柱ではない）。建物を支える柱は地形的に有利な点に置かれている。
（3）自由な形態を持つ煉瓦構造。壁の形態を自由な曲線でつくり出せる単一の煉瓦の型を見つけ出すこと。つまり、時代の要求に沿った組み合わせ可能な規格品のレンガを得る試み。
（4）建築群の最も高いところに、他の建物の暖房システムに連結されていないアトリエをつくる。この切り離されたパヴィリオンは太陽熱暖房のためのもので、これまでの純粋な技術実験で行われているものと違って、熱を蓄積する壁や屋根は建物の他の部分とは切り離されている。

　パイヤンネ湖に面し、木々が生い茂る敷地に建てられたこの別荘は、アアルトが後妻エリッサと過ごすために建てたものである。アアルトは1949年に

最愛の妻アイノを亡くし、セイナッツァロの役場を担当していた所員エリッサと1952年に再婚した。この敷地もエリッサが見つけたものだった。
　戦後の1950年代はアアルトにとって工業化の時代であった。「赤の時代」と呼ばれていたのは、赤い煉瓦を積極的に用いているからである。大学、役場などの規模の大きなプロジェクトが増え、それに相応しい建築資材を検討していた時期と重なる。アアルトはまさに「実験住宅」と名づけられたこの場所で、赤い煉瓦などの実験をしていたのだった。
　コエタロの特徴は正方形の中庭である。これを囲むようにL字型で建物を配置している。これはフィンランドの伝統的な農家トゥパ（食堂と居間と台所が一つになった部屋）や地中海地方のパティオ付住居から着想を得たものである。中庭にはセイナッツァロ役場の建設材料のサンプルとして集められた煉瓦が実験的に用いられた。赤い煉瓦だけでなく、濃い青や白の磁器質タイルも張られ、様々な色・形・大きさの煉瓦やタイルがパッチワークのように縦横無尽に張られている。その種類は全部で50ほどあるという。異なる性格を持つ素材が、それぞれの特徴を少しずつ主張しているのが面白い。中央に焚き木のための炉がある床面も、異なる煉瓦が10種類、壁同様にパッチワーク状に敷き詰められている。天気のよい夏の日、ここでバーベキューを楽しむアアルト・ファミリーの姿が想い起される。アアルトは「建物全体を支配するのは、中庭の真ん中で燃える火だ。炎やそれの雪からの照り返しは、人々を心地良くさせ、ほとんど神秘的なまでに温かい気分にさせるのである[30]」と述べている。湖側に向けて切り取られた壁には、縦に伸びた白い格子が嵌められ、格子の向こうの直立する木々と重なって見える。ボートに乗って湖からアクセスすることを考慮して設計しているため、この高くそびえ立つ白い壁が湖から見た時の正面の顔となる。どこか中世ヨーロッパの廃墟を思わせる空間でもある。屋根はフラットルーフではなく、バタフライと

パッチワークのような壁面　　　　　　　　　高台から見下ろす母屋

呼ばれる、鋭角にV字を描く屋根である。自邸のオフィス棟の屋根も同じ型で、その後メゾン・カレでも同様のバタフライ型の屋根を展開している。コエタロのあるムーラッツァロ島へは、以前は船で渡るしか交通手段はなかった。そのためアアルトはボートも自らデザインしている。ボートの図面の枚数は建物以上に描かれていた。1955年に完成したボートの側面にはラテン語で「NEMO PROPHETA IN PATRIA」と書かれている。これは「天才はその死後に評価される」という意味である。当時フィンランドで英雄的存在であったはずの彼が実は孤独な立場であり、市民の理解を得られていない不満を吐露しているのではないかと邪推してしまう。

現在ムーラッツァロ島へは橋が架けられ、車でアクセスできるが、車道からはその姿は見えない。鬱蒼と茂った林の奥にあり、林道を湖方向へ下ってしばらく歩くと、木立の中に白い建物が見えてくる。林道から下るとまず目に入るのは物置小屋で、その次が木造のゲストハウス、最後にようやく白く塗られた煉瓦造の母屋が現れる。それはアアルトが意図的に設計した「頭と尾」の配置計画であった。頭の部分は高くそびえる白い壁である。現在は尾の部分から姿を現すことになる。そして母屋への入口が現われるが、もともとは中庭からアクセスするのがメインの動線として考えられていた。中庭は人が集まる場として活発に利用された。平面図を見ると、中庭を囲むL字型のプランで、中庭に面した大きな開口部を持つ部屋がリビングとなっている。小さなロフトはアアルトのアトリエとして設けられた。ロフトの根太を上部の梁から吊るすという実験的なシステムを用い、最小限の材料を生かした吊構造となっている。

ロフトから見下ろすと正面に暖炉が見える。暖炉の周辺は家族団らんの場であり、心身ともに温かみを感じさせる役割を持つ。壁の向こうはキッチンであるがさほど大きくなく、ダイニングとしての機能はない。おそらくメインの食事は暖炉脇のスペースでとっていたのだろう。

L字のもう一つの棟は三つの寝室が連なっており、そのうち二つは当初は所員の寝室として考えられていた。どの部屋にもアアルト・デザインの机と椅子、本棚が備え付けられ、小さいながらも機能的な部屋になっている。開口部をあえて小さくし、内部にいると落ち着いてゆっくり休むことができる。

エントランスホールにはアアルトが蒐集した農具や民具が飾り付けられている。アアルト自邸のアトリエでも同様に飾られており、彼が土着的なものに関心を持っていたことがわかる。そのホールの奥には二つのゲストルームが増築された。この増築部は母屋と異なる木造で試みられた。基礎を作らずに

固い岩盤の上に直接大引（土台）を乗せる構法を採用している。

　さて丸太のサウナ小屋を見てみよう。母屋から少し離れた湖岸に建つこのサウナは、別荘完成の1年後に建てられた。フィンランドといえば「サウナの文化」である。サウナはフィンランド国民が愛する交流の場である。家族単位、友達単位で楽しむことができ、日本の温泉よりももっとカジュアルに楽しむものである。コエタロのサウナは最も原始的なスモークサウナと呼ばれるもので、煙を逃すための煙突を持たず、石を熱して温度を上げるシステムである。サウナで汗をかいた後、桟橋の先にある湖に飛び込むのが、フィンランド流サウナの楽しみ方である。今でもアアルト・ファミリーは夏になると別荘を訪れ、このサウナを愛用しているそうだ。サウナ小屋の形状は放射状に広がる扇形になっており、珍しい。もともとあった岩の上に直接土台を乗せている。そして丸太の太い方を常に同じ方向に積み重ねることで壁をつくり、屋根に自然に勾配ができる仕組みとした。また伝統的なフィンランド式サウナに従い、屋根は芝生や草で覆われている

　当初は再婚したばかりのエリッサと、静かに暮らすための場として設計していたが、国内外を問わず友人の多い社交的なアアルトは、結局のところたくさんの友人を招いている。大自然の広がるこの地で友人とともに夏のバカンスを楽しみたかったのだろう。そしてこの実験住宅の成果を自慢したかったに違いない。アアルト・ミュージアムのアーカイブセンターには世界各国から訪れた建築家や芸術家たちの記録が残されている。

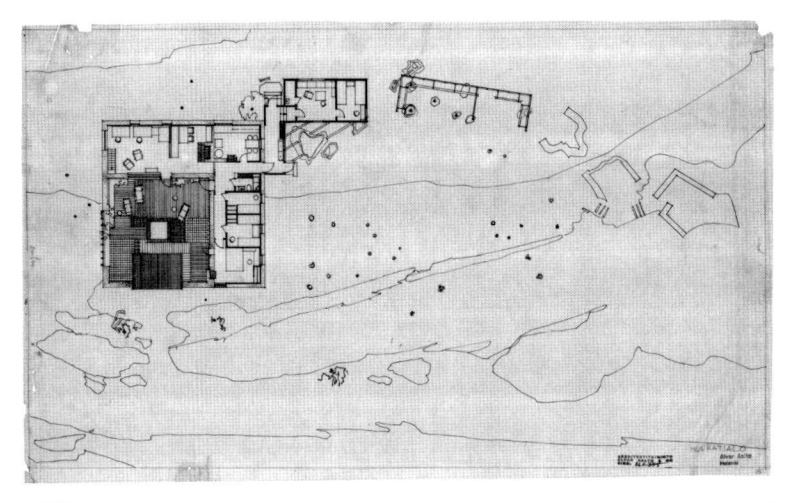

平面図

外国旅行中のアアルトとエリッサ（1960年代）

陽気で快活な後妻エリッサ

　23歳年下のエルサ（通称エリッサ）・カイサ・マキニエミ（1922-1994）との結婚式は1952年10月4日。ヘルシンキのシティホールで行われた。きっとアアルトは同年代の女性と再婚するだろうという周囲の予想を裏切り、年下のエリッサの姿を見て周囲の人々は驚いたという。エリッサは明るく快活で好奇心旺盛な女性であった。自邸でも夏の別荘でもパーティが頻繁に行われ、アアルトのジョークにエリッサが高らかに笑い、それが周囲を和ませた。常に華やかな雰囲気のふたりであったという。1957年、ロンドンの新聞「ザ・スター」に、二人の陽気なインタビューが掲載されている[31]。

　記者：「奥さまも建築家だと伺いましたが？」
　アアルト：「そうですよ。フィンランドでは建築家は同業者としか結婚できないという法律があるので、私は新しい伴侶が必要になったとき、周りのスタッフの女性たちを見渡して、誰が一番きれいなラインを持っているか眺めてみたわけです。製図上のラインという意味ですけどね」。
　エリッサ：「嘘ばっかり。彼がものぐさだから先のことを考えなかっただけですよ」

　ふたりが結婚するきっかけとなったのはセイナッツァロの役場である。現在、役場内には、「アルヴァ」「エリッサ」と名づけられたゲストルームがあり、予約をすれば宿泊可能である。そしてふたりは結婚後、セイナッツァロの役場からほど近いムーラッツァロ島に夏の別荘コエタロを設計している。それはふたりの愛の巣となった。

　エリッサに関して、建築家もしくはインテリアデザイナーとして特筆すべき

3人の墓

　才能を見いだすのは困難だが、最愛の妻アイノの死で自分を見失いかけていたアアルトを精神的に支えて立ち直らせたのは紛れもなく彼女であった。とても明るく陽気な性格で溌剌としていた若いエリッサに、アアルトはアイノとは違う魅力を感じたのだろう。偶然とはいえアイノの死と同年1949年、エリッサはアアルトの事務所に入所している。結婚後、ふたりはスキーなどスポーツやレジャーに興じ、建築家としてのパートナーシップよりも、生活を共にするパートナーとしてエリッサはアアルトの心の支えとなった。
　エリッサはアイノのことを尊敬しており、自邸では彼女の愛用したグランドピアノをそのままの状態でリビングに置いていた。仕事が拡大しアトリエが手狭になったこともあるが、アアルトが自邸の近くに新たにスタジオを設けたのは、やはりエリッサとの再婚が理由の一つではないかと推測できる。アイノとの思い出が詰まった自邸兼アトリエでは、アアルトの気持ちの切り替えが難しかったのではないだろうか。プライベートと仕事が一体化しているのは合理的でよいのだが、パートナーの死によってそれがマイナスに働くこともある。しかし最後までムンキニエミの自邸に住み続けたアアルト夫妻は、亡きアイノの思い出とともに暮らしていたといえよう。
　アアルトが亡くなるのは1976年。彼の死後エリッサが仕事を引き継ぎ、甥のヘイッキ・タルッカとともに事務所を運営した。エリッサはアアルトとアイノの墓に素敵な贈り物をしている。いかにイタリアへの慕情があるかを知っていたエリッサは、彼の夢を叶えようと、古代の本物の柱頭を必死に探した。そして古代遺物の国外輸送禁止令を乗り越え、1700年代の柱頭をなんとかイタリアからフィンランドに持ち込み、墓石の横に並べた。なんと粋な計らいであろうか。エリッサは1994年に亡くなり、彼らとともにヒエタニエミの墓地に一緒に眠っている。

VILLA KOKKONEN
1967-1969
コッコネン邸

Järvenpää, Finland / photo: p.92-96

　フィンランドの現代作曲家ヨナス・コッコネンのために建てられた邸宅は、2009年よりヤーヴェンパー市により一般公開されるようになり、ようやく広く知られるようになった。私がこの住宅を訪ねた際、二人の音楽家が内部を案内してくれ、コッコネン作曲の有名なオペラ歌曲「The Last Temptations」を披露してくれた。ピアノ演奏とテノールの歌声が高らかにアトリエに響き渡り、心を震わせた。

　ヤーヴェンパーはヘルシンキから電車でわずか30分ほど北上したところにある。コッコネン邸は通りから少し奥まったところにエントランスがあり、うねるダイナミックな造形の庇が特徴である。外壁はダークカラーに塗装した木を使用し、自然に溶け込むようデザインされている。周囲は鬱蒼とした林が生い茂り、裏手に回ると手つかずの自然が広がっていて、なだらかな丘陵地に位置していることがわかる。その向こう側にはトゥースラ湖が望める。

　コッコネンはフィンランドを代表する偉大な音楽家の一人で、シベリウス以降の現代作曲家としてその名が知られている。アアルトとはフィンランドの芸術アカデミーで知り合った。当時、アアルトは有名建築家として知られており、コッコネンは自邸兼スタジオをアアルトに直接依頼するのを躊躇したという。そして彼に次のように尋ねた。「誰かいい建築家を知りませんか?」と。コッコネンが戦略的にアアルトにあえてそう聞いたのか、それとも本当に彼にアドバイスを求めてそう聞いたのか、真意は定かではないが、アアルトは次のように答えたという。「いい建築家は自分以外に知らない」と[32]。アアルトは設計料はほとんどとらず、無償でデザインした。

　作曲家にとって仕事道具といえばグランドピアノである。ピアノを置くスタジオから設計をスタートし、音響に細心の注意を払っている。スタジオは仕事場であるが、同時にコンサートができるミニホールとして考慮された。空間全体はホールの観客席を意識し、扇形のデザインとし、空間に奥行を持たせている。リビングとスタジオとを区切る引き戸の中に鉛を入れて防音装置とした。このスタジオが別格であることは、アアルトが通常一番重要な部

屋を南西に位置づけていることからもわかる。アアルトは通常できるだけ大きな開口部を設け、西日を取り入れるデザインをするが、ここでは防音を考慮し縦長の窓を数カ所だけ設けている。天井は高いが大きな布を覆い、インテリアとしての装飾および吸音の機能を持たせた。スタジオ内の仕上げはすべて木材で、構造自体も木造である。外壁はアアルトの自邸と同様、黒い小割板が用いられている。まさに「木でつくられたオルゴール箱」と呼ぶにふさわしい。

　さて住宅の平面計画を見てみよう。今まで紹介した住宅はL字型のものが多かったが、この住宅はアアルトが晩年好んで用いた扇形で、三つのヴォリュームに分かれている。中央のリビング、南側のスタジオ、北側の生活スペースである。リビングは入口付近にある波打つ壁が特徴だ。平面図で見るとちょうど中央のへそのあたりに位置する。その内側は暖炉なのかと一見思うが、実際はコート掛けと手洗いがある。その波打つ壁を中心に、エントランスホール、リビング、ダイニング、キッチン、廊下と、ぐるり一周できる動線になっているのが面白い。アアルトが重きを置く暖炉はエントランスの庇と同様、彫刻的なデザインになっている。この特徴的な暖炉はスタジオにも配置されている。北側にはベッドルーム、キッチン、バスルームが配置され、少し角度を振って中央にリビングが配置された。リビングと生活スペースとの間にダイニングが置かれ、そこには中庭へ通じる扉が設けられた。ここからパーゴラのある通路を抜け、サウナ小屋へと通じることができる。つる性の植物がパーゴラを覆い、まさに自然と同化している風景は、内部にいても外部にいても美しいと感じる。庭にはプールが設けられ、サウナ後はここで汗を流す。当初はトゥースラ湖へ向かうことも考えたようだが、マイレア邸と同じく庭に人工のプールを配した。

　作曲家コッコネンがこの住宅で初めて手掛けた曲は、アアルトへ捧げるチェロ協奏曲であった。それ以外にもこの住宅の建設後、著名な賞を数多く受賞している。しかし晩年、愛する妻の死後、コッコネンは作曲の意欲が衰え、アルコールに依存するようになった。長年にわたり作曲し続けた交響曲第5番は未完のまま終わっている。

　現在、コッコネン邸は二人の音楽家によってその素晴らしさを伝承し続けている[33]。手作りのチョコレートケーキをサービスしてくれるなど、個人住宅を訪ねた時と同じようなもてなしが嬉しい。

OWN HOUSE

左頁上. 道路からエントランスを見る
左頁下. 屋根がV字型のオフィス棟
上. 庭からアアルト自邸を望む

上．リビング
下左．オフィス棟から見たリビング
下右．リビング奥から窓を望む
右頁上．1階平面図
右頁下．ダイニング

POHJAKERROS

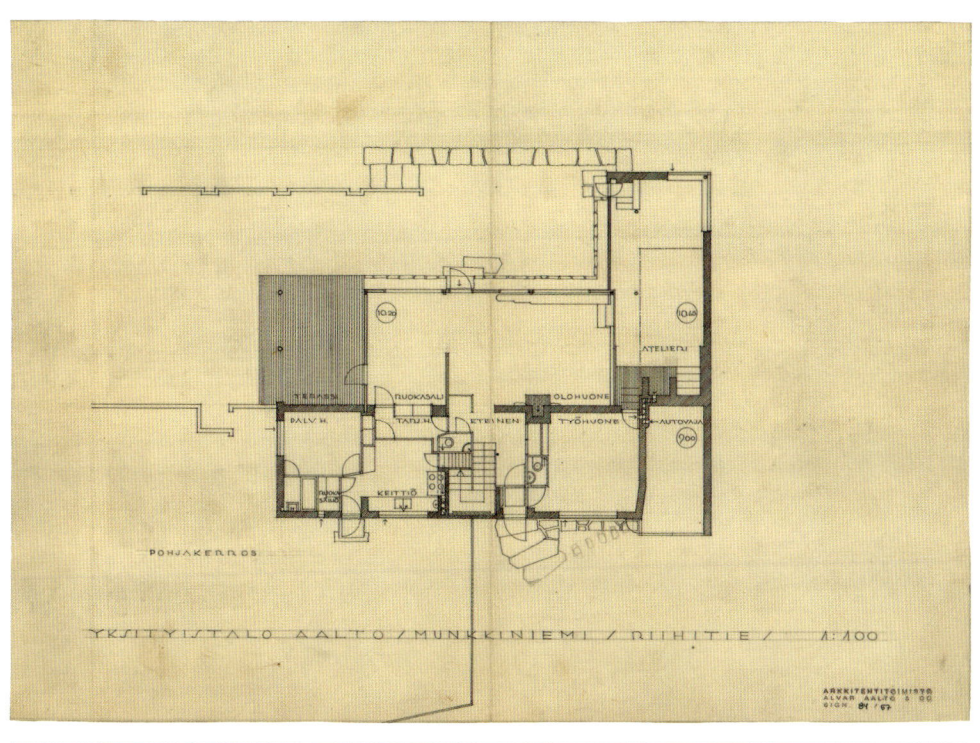

YKSITYISTALO AALTO / MUNKKINIEMI / RIIHITIE / 1:100

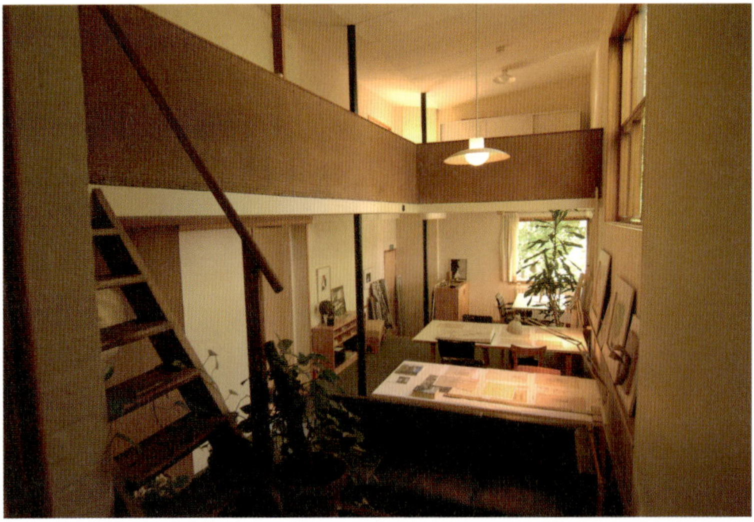

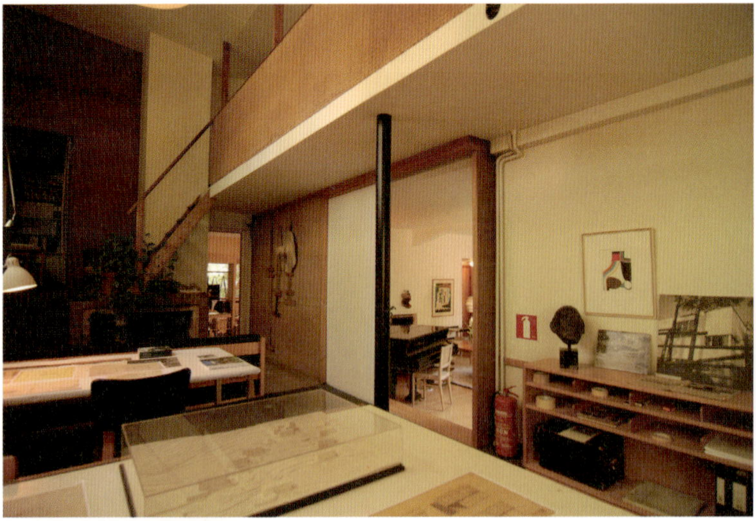

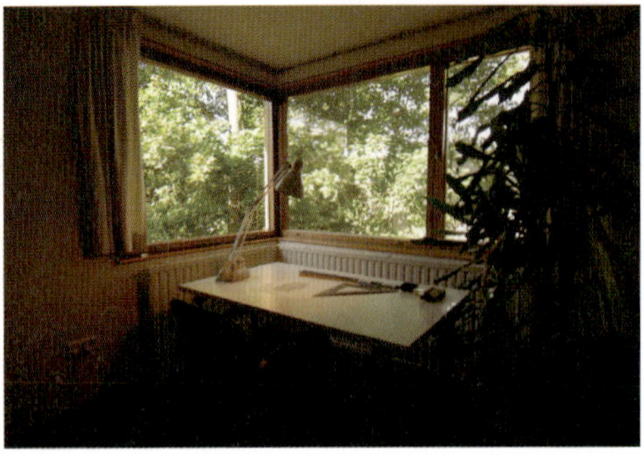

左頁上．2層吹き抜けのオフィス棟
左頁中．オフィス棟からリビングを望む
左頁下．アアルト専用のデスク
上．2階のホール
中．子供部屋
下．夫婦の寝室

VILLA MAIREA

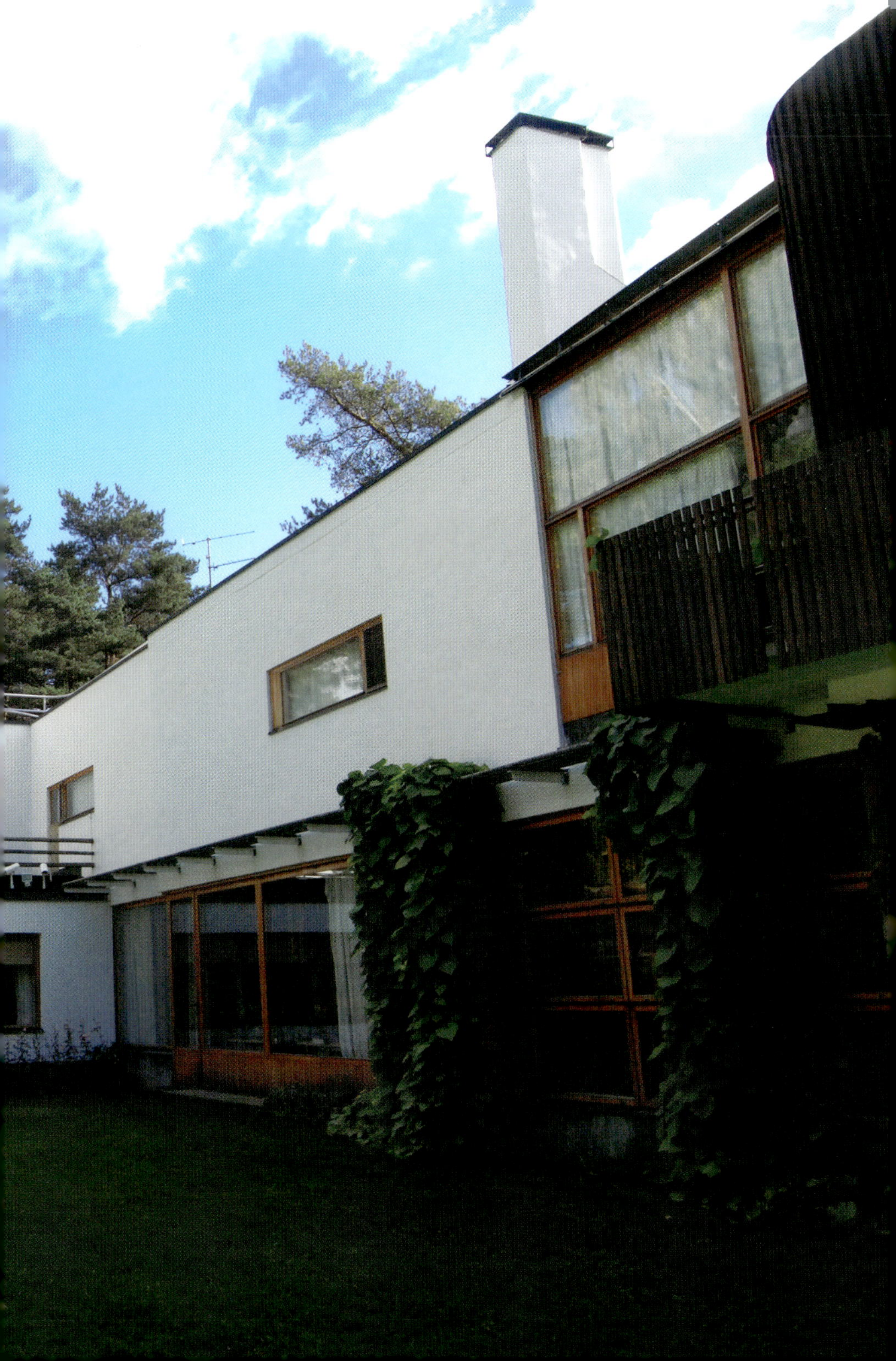

上．エントランス側外観
下．曲線を描くプール
右頁上．黒い小割板で覆われたマイレのアトリエ
右頁下．朝日を考慮した２階の開口部

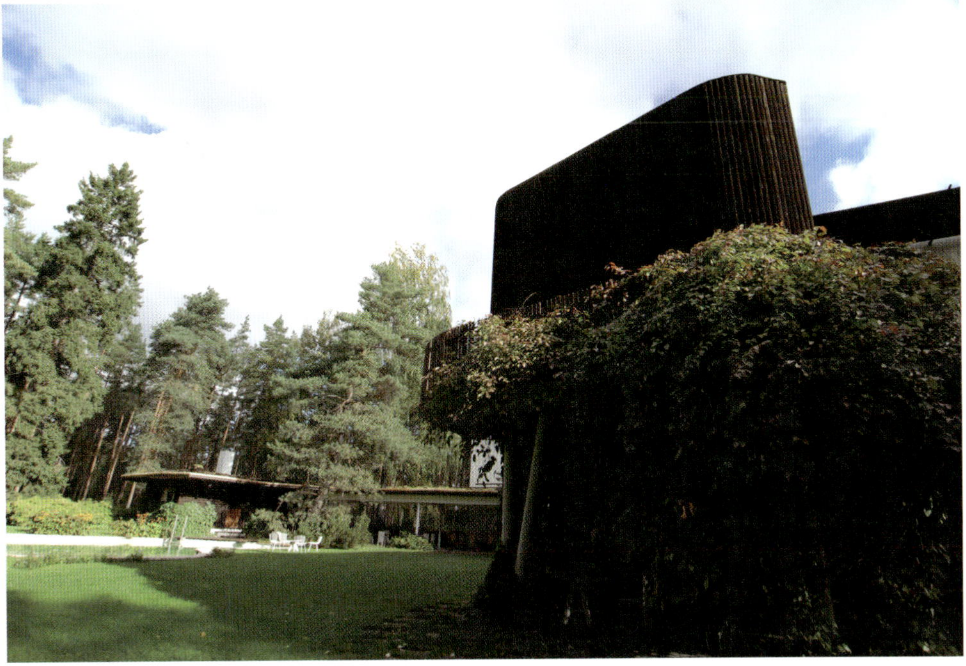
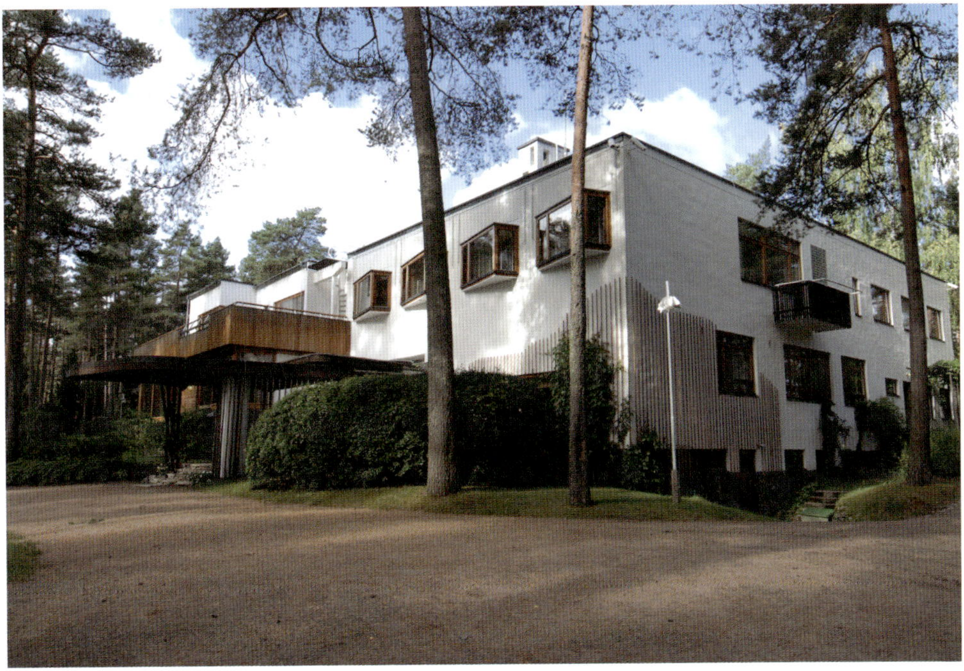

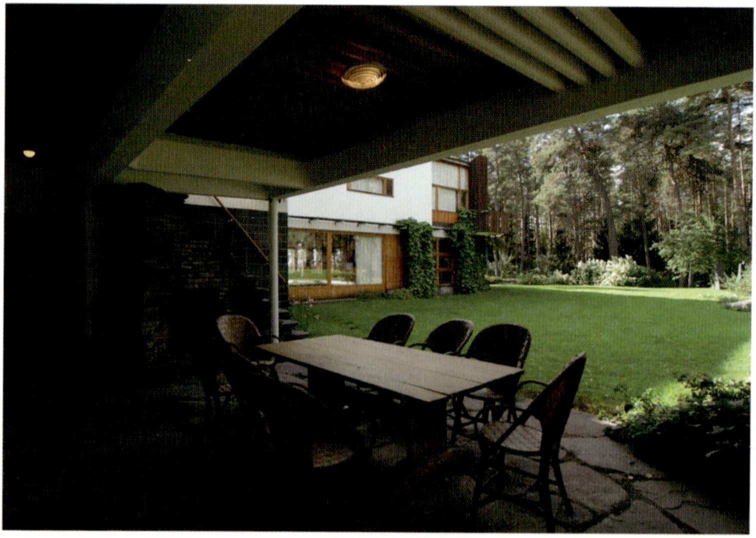

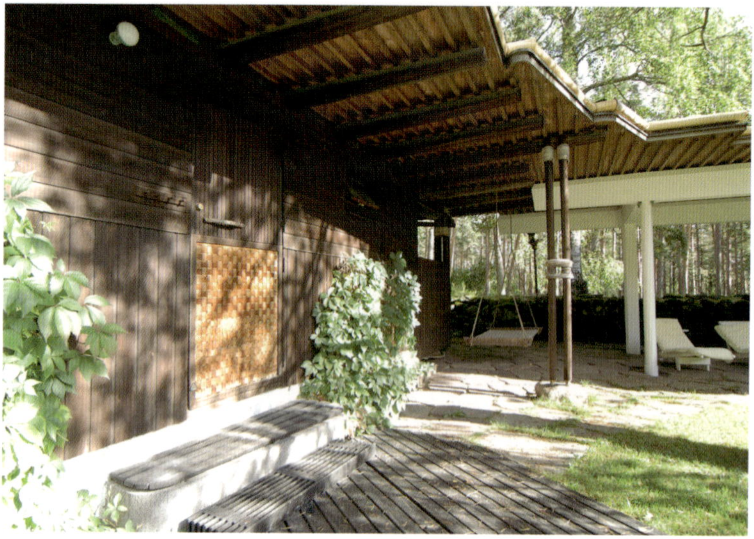

左頁上.石積みの暖炉と屋外の団らんの場
左頁下.サウナ小屋入口
上.冬のサウナ小屋
下.冬のマイレア邸を庭側から望む

上．ミュージックルーム
右頁上．ウィンターガーデン
右頁下．エントランスホール

79

上.書斎
右頁上.階段
右頁下.リビングの暖炉

81

上．キッチン
下．整理棚
右頁上．ダイニング
右頁下．グリル

83

KOETALO

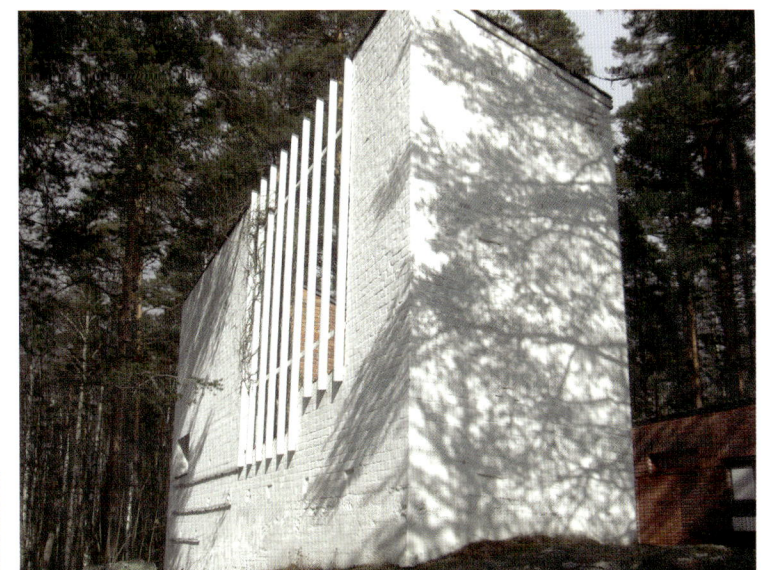

左頁．コエタロ、中庭から望むリビング
上．湖に向かって立つ白い壁
下．炉のある中庭

リビングと小さなロフト

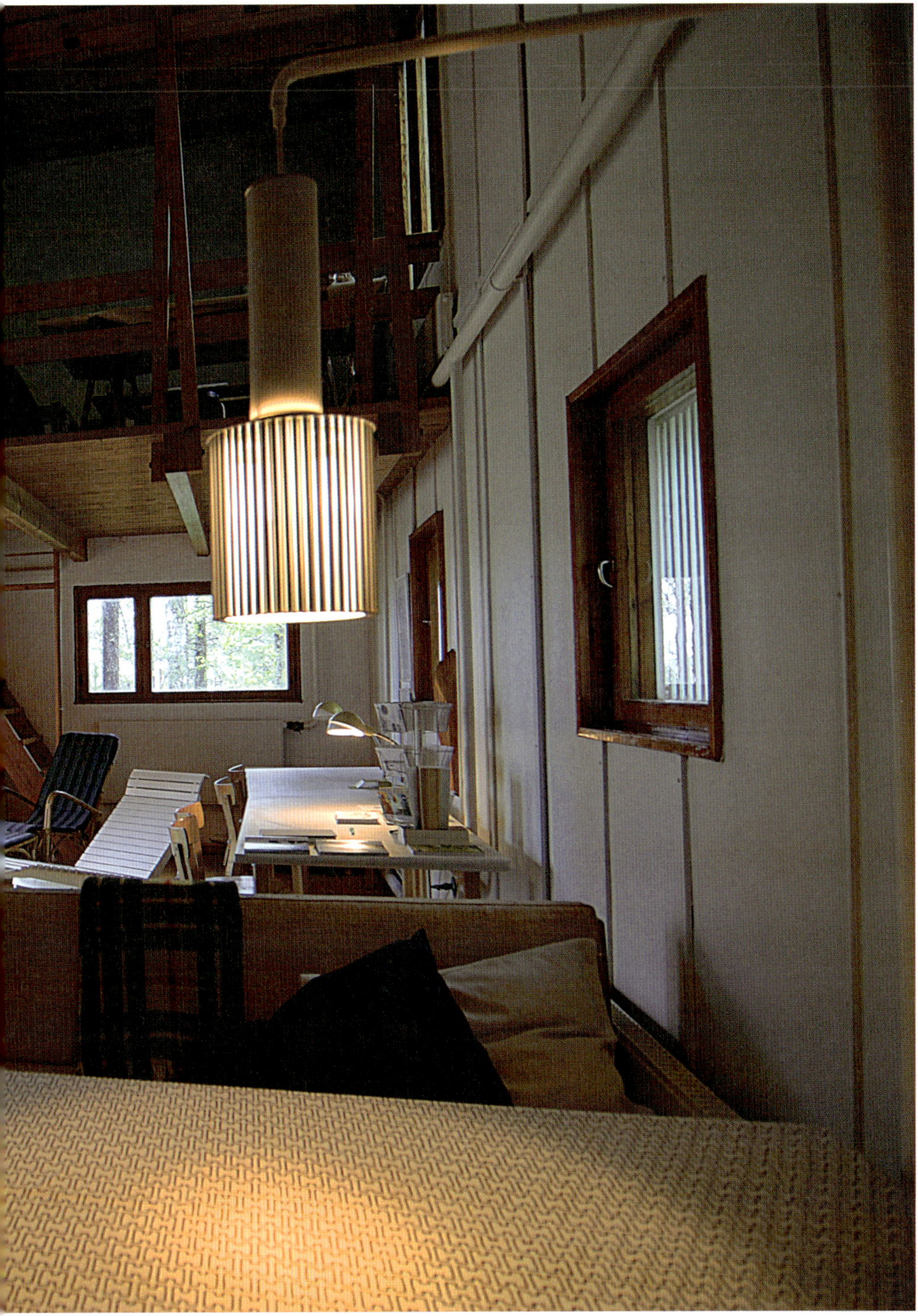

上. リビングから中庭を望む
下. エントランスホールに置かれたコレクション
右頁上. 主寝室
右頁下. サウナ小屋 (右) とその取っ手 (左)

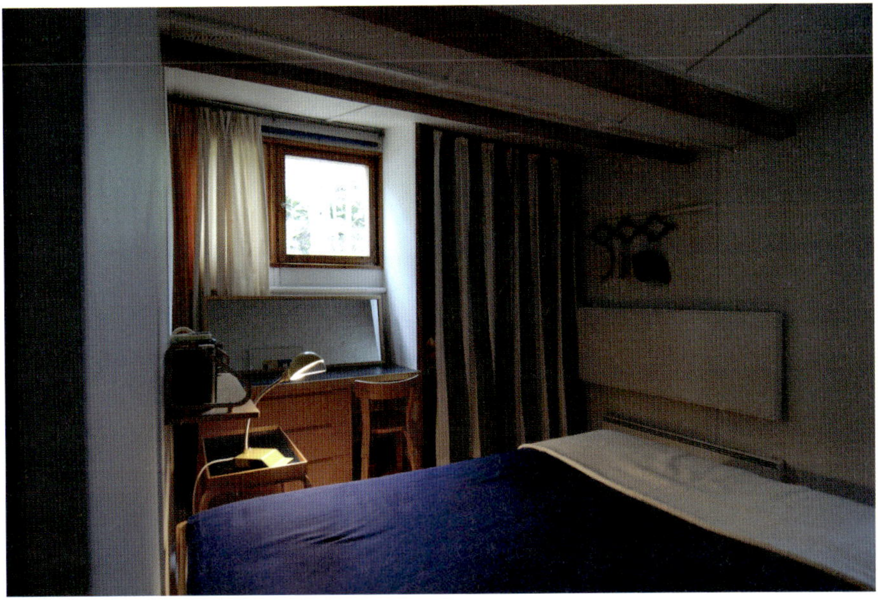

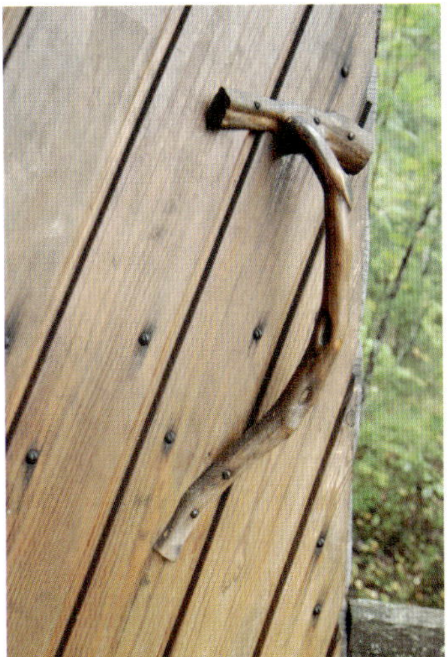

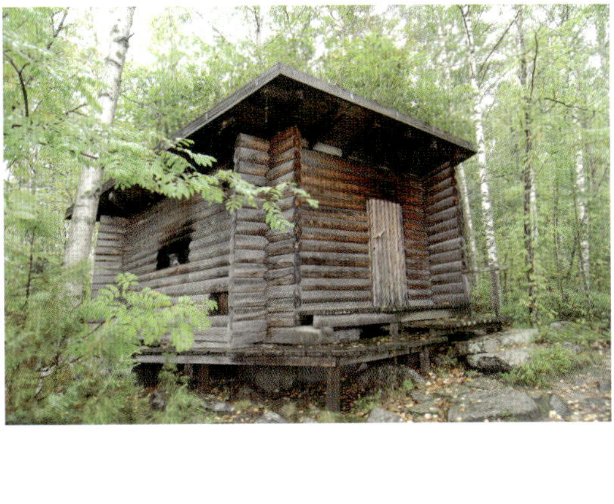

妻の城、キッチン・デザイン

「妻の城」といわれるキッチン。その空間に対するこだわりは古今東西変わらない。いかに効率よく、気持ちよく調理ができるか、現在も飽くなき探求が続けられている。ここでは二人の妻がデザインしたキッチンを比較してみたい。

アイノはキッチンデザインのスペシャリストとして活躍していた。自邸のキッチン、マイレア邸のキッチンはもちろん彼女によるデザインである。

当時のヨーロッパおよび世界の潮流は、合理的なシステムを取り入れたキッチンのデザインが機能主義の象徴として取り沙汰されていた。例えばフランクフルトキッチン（1926）をデザインしたマルガレーテ・シュッテ・リホツキーが有名であるが、アイノも機能的な要素をキッチンのデザインに採り入れている。やはりアイノも当時の潮流に乗り、最小限住宅におけるキッチンに興味を示した。1930年、ヘルシンキで展覧会が行われた際、キッチンで座りながら作業する案を提示している。これは所員によると「転がるキッチン」と揶揄され、固定されているのはキッチンだけで、家具はすべて実用的にキャスターで移動できるようになっていた[34]。新型のごみ粉砕機、独特の流し台、ワゴン式くずかご、食器棚、実用的なスパイスの棚、鍋と釜の棚、珍しいカッティングボードなど、独自の規格製品も一緒に提案している。

自邸のキッチンでもやはり工夫が見られる。キッチンとダイニングの間に大きな食器棚を設け、食事の受け渡しを可能にした。マイレア邸に比べればキッチンの広さは狭いが、多くの収納を設けてすっきりした印象を持つ。

マイレア邸のキッチンは、大勢の客人を招くグリクセン家にとって、特に作業動線が重要であった。複数の家政婦が効率よく調理ができるよう、ある程度広い空間とし、当時流行していた調味料入れの棚を設け、ダブルシンクのサイズも大きく、巨大な冷蔵庫も完備している。隣接して配膳室、家政婦の部屋が設けられた。ところが竣工後、さらなる作業効率を配慮した合理的な動線が求められ、1959年にレンジを増設し、L字型からコの字型の調理台へと変更している。

一方、後妻エリッサがデザインしたコエタロのキッチンを見ると、シンクの小ささに驚く。このサイズのシンクでは、野菜も食器も洗うのが困難ではなかろうか。しかも天板がステンレスではなく木材を使用しており、水はねを考慮していない。そしてアイノが好んで取り付けた調味料のための棚はここではデザインされておらず、おそらく後から壁に取り付けたものと思われる。収納も必要最低限で、配膳や目隠しとして機能させていた食器棚はない。暖炉の脇に食器棚が設けられているが、隣接するキッチンとの動線は考えられていない。

おそらくエリッサはキッチンに立つことはあまりなかったのではないだろうか？　料理を頻繁に行う女性とは思えないデザインである。コエタロの居住空間も決して広くなく、むしろ最小限住宅のコンセプトに近い。もしアイノが生きていたら、どのようなキッチンをデザインしたのだろうか？

自邸（アイノのデザイン）

マイレア邸（アイノのデザイン）

コエタロ（エリッサのデザイン）

キッチンの流し台周辺	食器棚

VILLA KOKKONEN

門扉から見たコッコネン邸

下.平面図
右頁上.スタジオ
右頁下.パーゴラから見たコッコネン邸

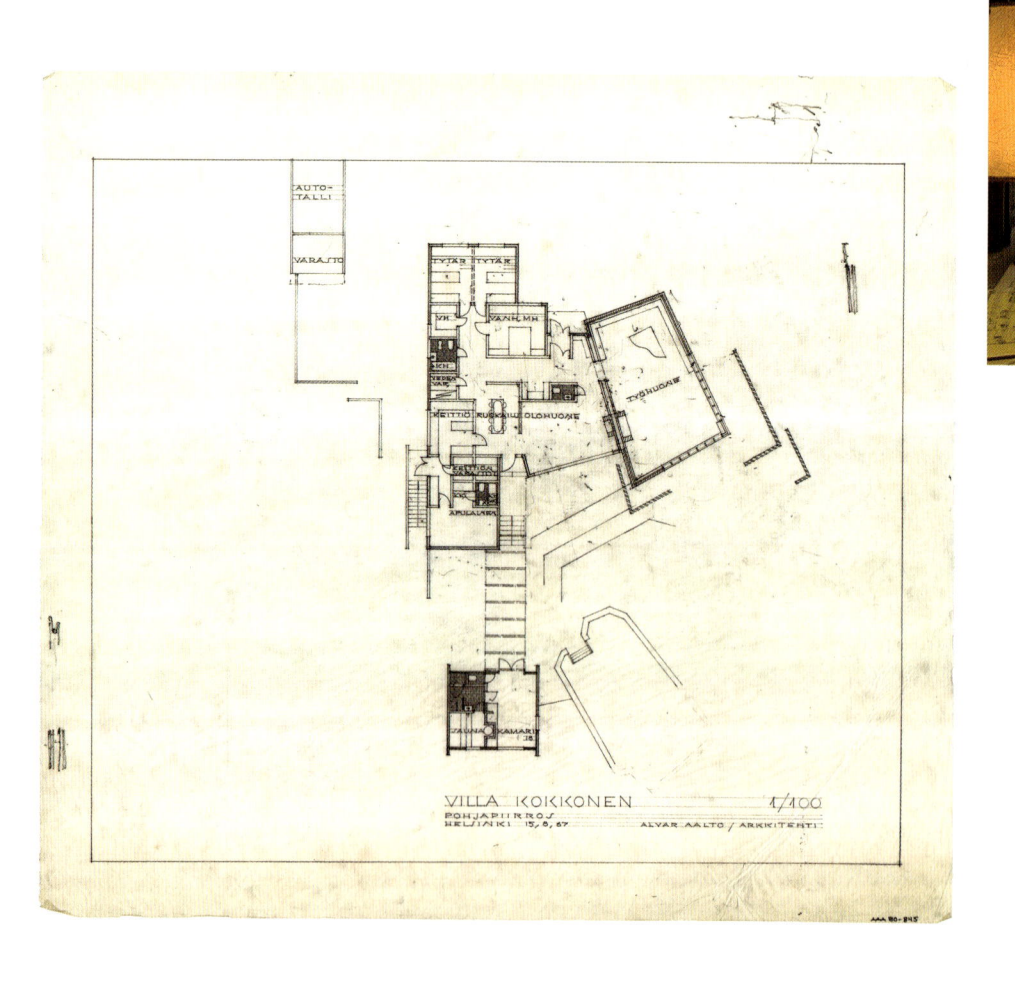

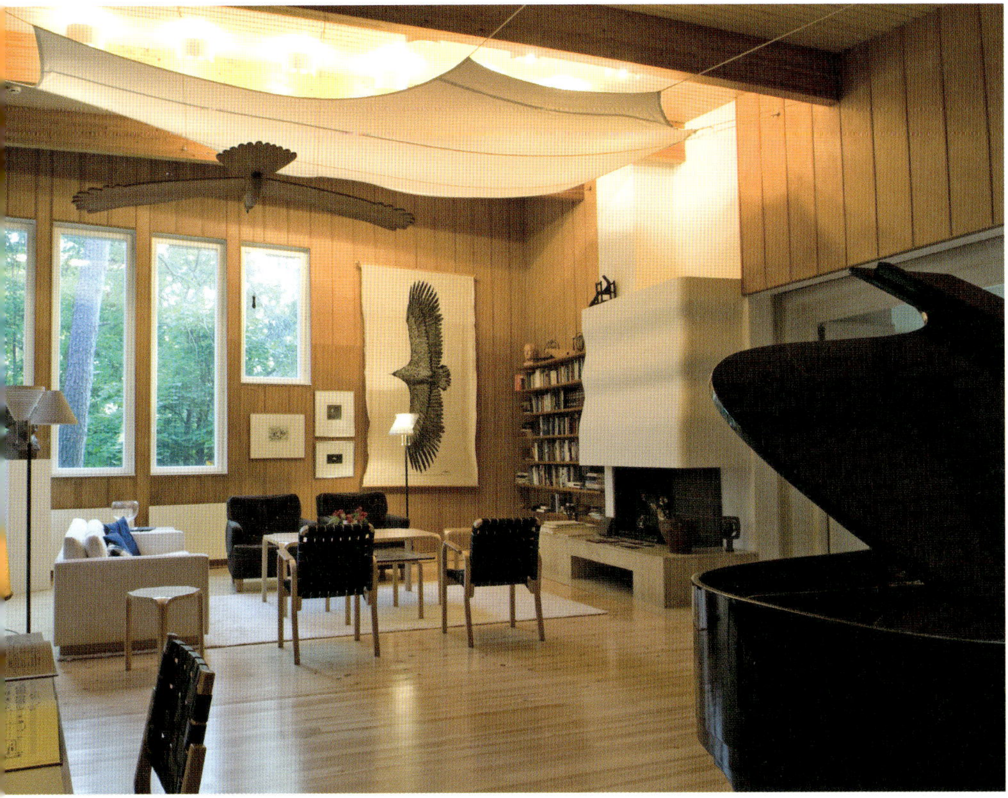

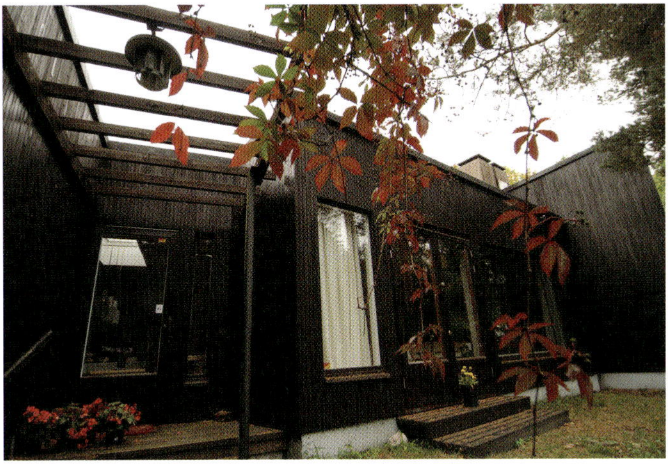

上. プールから見たサウナ小屋
下左. サウナ小屋の丸太組
下右. サウナ小屋内部の団らんスペース

3

ARNE JACOBSEN

OWN HOUSE

SUMMER HOUSE

OWN HOUSE (SØHOLM I)

SUMMER HOUSE FOR KOKFELT

DENMARK

ARNE JACOBSEN
1902–1971
アルネ・ヤコブセン

　アルネ・ヤコブセンは、アントチェア、セブンチェア、エッグチェアなど日本では椅子デザイナーとしてその名が知られている。それらは特定の建物のためにデザインされたものであった。しかしデザイン性や機能性に優れていたので、建物を離れ「ひとり歩き」をし、時代を経た今もなお世界中で売り上げを伸ばしている。彼の建築はヨーロッパのモダニズムに傾倒し、インターナショナルスタイルをデンマーク国内で広めたが、あまりに革新的なデザインに当時は批判の声も多かった。頑固で強引で完璧主義者のヤコブセン。その反面、植物を愛でる心優しい一面もあった。

いたずら好きの少年、建築家を志す
　ヤコブセンの父は小物の輸入業を営む卸業者、母はデンマーク初の女性銀行員だった。ユダヤ系の裕福な家庭に生まれ、レース編みや刺繍の施されたクッション、陶器でできた人形などが置かれた、ヴィクトリア様式のインテリアに囲まれて育った。幼少の頃のヤコブセンは両親の手に負えないほどわんぱくで、自分の部屋の壁を真っ白に塗り替え、父親の度肝を抜かせるなど反発していた。学校でも授業を妨害することが多く、両親は全寮制の学校に転校させることにした。そこで出会ったのがモーエンス&フレミング・ラッセン兄弟である。遊び盛りの彼らのいたずらは時には目に余るものがあり、真夜中に機関車を移動させシートを掛けて隠し、翌日駅では大騒ぎになり警官が来るほどの大事件となったこともあった。幼なじみの3人は皆、建築家を目指し、兄のモーエンスはデンマークに白いモダニズムを展開した機能主義者として知られることになり、弟のフレミングとは卒業後いくつかのプロジェクトを共同設計している。

　暴れん坊のヤコブセンも絵筆を持たせるとじっとして、いつまでも絵を描いている少年であった。芸術家肌の側面は母親の影響を受けているといってよいだろう。母は手先が器用でとても細やかな描写の絵を描いていた。絵のモチーフは決まって花だった。

1921年、若きヤコブセンはデンマークを離れ、憧れのアメリカ・ニューヨークを目指した。豪華客船に乗り、ウェイターとして乗務員見習いになったが、船酔いがひどく、そのままとんぼ返りをしている。ヤコブセンはそれ以来乗り物嫌いとなり、特に飛行機が大の苦手だった。

　ヤコブセンは技術専門学校で建築のトレーニングを積んだ後、建築家の事務所でインターンを経験し、ようやくデンマーク王立芸術アカデミーに入学したのは22歳（1924年）のことである。他の生徒に比べ遅い入学だったが、社会経験を積んでからの入学は周囲にもよい影響を与えたようだ。当時のアカデミーはボザール的な教育方針と近代的な新しい教育方針が入り混じっていた時期であり、ヤコブセンは両方の教育を受けている。特に伝統的なドーリス主義と呼ばれる新古典主義の教えは、生涯にわたり彼の根底に残った。1925年、アカデミーの課題でフランス、イタリアへスケッチ旅行に出かけ、特にイタリアはヤコブセンにとって思い出深い場所となった。

　一方、ドイツなどヨーロッパ近代主義の潮流のなか、カイ・フィスカーらデンマーク近代建築の祖にも師事している。ヤコブセンのデザインセンスは在学中より頭角を表し、その才能を見いだしたカイ・フィスカーは1925年、パリ万博で設計していたデンマーク館の椅子のデザインをヤコブセンに担当させ、それが見事銀メダルを獲得している。またフィスカーに連れられ、ストックホルムのグンナー・アスプルンドを訪ねた時のこと。夕食後全員で即興コンペをやった際、ヤコブセンの案がアスプルンドをはじめその場にいた誰よりも、秀れていたというエピソードが残されている。卒業設計では幼い頃暮らしたクランペンボーを敷地にし、国立ミュージアムを設計する案がアカデミーの卒業設計の金賞を受賞している。

建築家としてのデビュー「未来の家」
　ヤコブセンが建築家として花開くのは卒業して間もなくである。幼なじみのフレミング・ラッセンと共同設計した「未来の家」（1929）コンペで優勝したのである。円盤形をした住宅はまさに未来の生活を想起させるもので、モータリゼーションの時代に備え、自動車、モーターボート、オートジャイロなど陸海空での移動手段が考慮されたアヴァンギャルドな住宅提案であった。この案をよく見ると、その前年にアルヴァ・アアルトが提案した「アイッタ」誌主催の規格別荘のコンペ案に類似している。これは「メリー・ゴー・ラウンド」と名づけられたもので、円形の一部が削ぎ落された弓形の形をしたものであった（p.38）。当時、未来を象徴するものとして円形がよく用いられ

ているが、ヤコブセンはアアルトの案をどこかで目にしていた可能性は高い。

　1929年はもう一つエポックメイキングな出来事として、自邸（p.104 / 114）が完成した。インターナショナルスタイルと呼ばれる白いモダニズム建築をいち早くデンマークで展開したのである。それは若いヤコブセンの野望であった。それを機に「北欧のル・コルビュジエ」と呼ばれるようになり、幼なじみのモーエンス・ラッセンもその後同じように白いモダニズム建築を展開し、ふたりとも「フンキス」＝白い機能主義建築家と揶揄された。ヤコブセンは幼少の頃暮らしたクランペンボーエリアにベラヴィスタ集合住宅（1934）、有機的な庇が特徴の夏の劇場ベルビューシアター（1937）などを手がけ、モ

「未来の家」コンペ案

ダニズム建築の旗手としてその名を不動のものにする。

市庁舎の時計塔論争

　ヤコブセンは生涯にわたり住宅設計を手がけているが、その数は優に100を超える。しかしモダニストとして知られる彼に依頼するクライアントは、白い箱形の住宅ではなく、黄色の煉瓦ブロックを用いた伝統的な外観の住宅を求めた。ヤコブセンは1930年代、40年代、ますます意欲的に設計競技に応募し、オーフス市庁舎（1942）、スレルズ市庁舎（1942）で一等を勝ち取る。前者はエリック・モーラーと後者はフレミング・ラッセンとの共同設計である。デンマーク第二の都市・オーフスの市庁舎は物議を醸し出した。コンペ案ではシンプルな四角い箱型のプランであった。既存の樹木を活かして公園にする彼らの案は認められたが、建物に関して行政側はモニュメンタルな塔の建設を求めた。ヤコブセンはリベラルなデザインこそ新時代の市庁舎にふさわしいとし、譲らなかった。しかし最終的に行政と市民の声に従うことにし、現在の時計塔ができたわけである。

　この市庁舎の建設に際しては、アスプルンドにアドバイスを求めており、建設中のオーフスにアスプルンドが訪ねてきたこともあった。アスプルンドとは1940年に彼が亡くなるまで頻繁に交流していた。ヤコブセンはアスプルンドのヨーテボリ裁判所増築（1937）を参照しており、特にエントランスホールに入った時のインテリアの印象は酷似している。明るい大きな吹き抜け空間に柔らかな木の質感のインテリアのしつらえ、自然光が燦々と降り注ぐ開放さ、などが心地良い。

戦火を逃れてスウェーデンへ

　1940年、デンマークがドイツ軍に占領されると、ユダヤ系のヤコブセン

ベルビューシアター

オーフス市庁舎

の立場は危うくなる。ソビエト友好協会のメンバーでコミュニストのハンネス・マイヤーと交流があったため投獄されそうになったこともある。事務所内でも彼のワンマンな仕事ぶりにスタッフの反発が高まり、ヤコブセンの私物を勝手に持ち帰る者もいた。「不満があるならいつやめてもいい」と言い放ち、突然解雇することもあったという。戦争で国内も事務所内も不穏な空気が流れていた。

　1943年ヤコブセンはナチスの追っ手から逃げるようにスウェーデンに渡る。スウェーデンではアアルトの紹介で住まいを決め、HSCというストックホルム最大の公共住宅供給会社に職を得るなど優遇されたが、ヤコブセンは会社勤めに嫌気がさしたのか、すぐに辞めてしまう。そして後妻ヨナの協力を得て、テキスタイルデザインに打ち込み、ヤコブセンの芸術家の素養が花開くことになった。植物をモチーフにしたデザインが高く評価され、スウェーデン女王によって展覧会が開催されるなど、建築家以外の活躍が目立った。

戦後の黄金時代

　終戦を迎えデンマークに帰国し、ヤコブセンはそれまでの仕事を取り戻そうと、建築に没頭する。事務所ではそれまでのブルジョア志向から倹約志向へと豹変し、文房具やトイレットペーパーまで所員自らが持参しなければならなかった。

　所員に対しても常に対話を心がけ、設計競技に参加するのを好んだという。なぜならクライアントからの条件がないので、所員と議論を交わしながら自由に設計提案ができるからだ。女性の所員に対しても夜遅くまで残っていると「家族は心配していないか」と気配りしていたという[1]。戦後の事務所は女性の所員がいたこともあって明るい雰囲気に包まれ、甘いものが大好きなヤコブセンはココアで一息つくなどリラックスする一面もあった。シンプルで無駄のない機能的なデザインでありつつも、どこか暖かみのあるデザインは、このような職場環境から生まれたのだろう。

　戦後不況の中、スーホルムⅠ（1950、p.108 / 124）という低層テラスハウスを設計する。その一つを自邸兼事務所とし亡くなるまでそこで暮らした。1956年には母校の王立芸術アカデミーの教授に就任する。デンマーク初の高層ビルとなったSASロイヤルホテル（1960）はデンマーク中央駅周辺の景観に合わないと、メディアで酷評された。しかし国外では評価を受け、数年後には国内の批評家たちもデンマークを代表する優れた近代建築であると賞賛するように変わった。

後妻ヨナの連れ子であるペーター・ホルムブラッドはその頃、ステルトンというテーブルウェアの会社に勤務していた。ヤコブセンに何かデザインしてもらおうと夕食を共にとるようにし、会社で取り扱っている製品のことを話題にし、彼の気を引こうとした。ある夕食時、機嫌が良かったのかナプキンにスケッチを書き始めたヤコブセン。それを機にステルトンが扱っているステンレス素材に興味を持ち始め、シリンダライン（1967）と呼ばれる円筒をモチーフとしたポットなどの工業製品が誕生する。「デザインは付け加えるほど醜くなる」というのはヤコブセンの口癖であったが、削ぎ落した中に見える造形美をもつこの製品は、アメリカでも賞を受け、今もなお世界中で販売されるベストセラーである。

トータルデザインへのこだわり
　ヤコブセンは建築だけでなく、建物に付随するすべてをトータルデザインしようと試みている。家具はもちろんのこと、照明器具、水栓、灰皿、時計などのプロダクトを市場に売り出すと、瞬く間に海を渡り世界のヒット商品となり、時を経てもなお売れ続けるロングセラーとなるケースが多い。例えば、かの有名なアントチェア（1952）は製薬会社ノボの社員食堂のためにデザインされたもので、エッグチェアとスワンチェア（1959）はSASホテルのロビーのためにデザインされたものであった。特にアントチェアは大量生産を見越し、世界初の成型合板でのプレス加工に成功し、背面と座面が一体化した椅子の完成は家具業界に衝撃を与えた。それはチャールズ・イームズさえ成功していなかった画期的な出来事であった。

　最後の作品となったのはデンマーク国立銀行である。その完成を見ぬまま、1971年急な心臓発作で亡くなった。死後は部下が仕事を引き継ぎ、1978年に完成した。

SASロイヤルホテル 606号室

シリンダラインのコーヒーポット

OWN HOUSE
1929
ヤコブセン自邸

Ordrup, Denmark / photo: p.114–115

　「未来の家」コンペで優勝し、一躍モダニズム建築界の旗手としてデンマークで本格的な活動を始めるヤコブセン。それまでは古典的な北欧ロマンティシズムの住宅を手掛けてきたが、若いヤコブセンはヨーロッパで先駆的な白い箱型の建築をデンマークで実現させようと、自邸で試みることにする。

　敷地はオードロップという新興高級住宅地を選んだ。ヤコブセンはその周辺の住宅の大多数を1930年代に手掛けることになるが、ヤコブセンは自邸兼事務所をそこに設けることによって、新規顧客の獲得を狙っていた。自邸をモデルハウスとし、その周辺を白いモダニズム住宅で埋め尽くそうという目論見があったのかもしれないが、実際にはそれほど多くの白い箱形住宅は見られない。とはいえ、ヤコブセンは自邸を設計すると「北欧のル・コルビュジエ」と呼ばれ、1930年代はクランペンボーエリアに白いモダニズム建築群を設計している。ベルビューシアター、ベラヴィスタ集合住宅、ビーチの関連施設などである。美しい浜辺が広がるクランペンボーとオードロップは程近い距離にあり、ヤコブセン初期の建築を堪能するにはもってこいのエリアとなっている。

　白い箱型の住宅は、ル・コルビュジエの「近代建築の5原則」(自由な平面、自由な立面、屋上庭園、ピロティ、横長の窓)に基づいて設計された。その特徴的な形態を際立たせるため、壁を隔てた道路からその外観が全貌できるように木々は短く刈り込み、全面芝生となっている。緑と白のコントラストがまばゆい。さらに住宅のすぐ真横にシンボルツリーを植え、よりくっきりとした直線の輪郭が浮き立つよう計算している。当時、フラットルーフの住宅はデンマークでは珍しく、先駆的なモダン住宅として注目を集めた。当時の写真を見ると、自邸のほか、ベラヴィスタ集合住宅、夏の別荘、スーホルムの自邸でも、庭に日除けのパラソルをアクセントとして配してモダンな暮らしを提示している。

　構造は鉄筋コンクリート造ではなく、煉瓦ブロック造に白い漆喰を塗っている。当時のデンマークではまだ鉄筋コンクリート造の建物は法律では認め

られておらず、翌年ようやく鉄筋コンクリート造が認められるようになった。

　平面図を見てみると、1階はリビング、ダイニング、キッチン、書斎などの共用スペースで、2階は主寝室、子供部屋、ルーフテラスからなる。北欧の家族団らんのシンボルともいえる暖炉は書斎に小さく設けられており、そのデザインはバウハウス的でミニマムな直線的なものであった。それはヤコブセンの新しいモダンライフへの挑戦とも見てとれる。

　オフィス棟が隣接して増築されたのは、自邸の建設から1年後であった。その時、同時にウィンターガーデン（温室）を設けている。事務所の窓と温室はつながっており、事務所の机から常緑の木々を眺めたかったのであろう。ヤコブセンは若い頃から自然を愛でる性格で、おそらくそれは母親の影響と思われる。外部に植えてある草花よりも室内で愛でる観葉植物にこだわりを持ち、特にサボテンがお気に入りだったようだ。自由な曲線を描くサボテンの有機的な造形と、砂漠地域で育つという熱帯地域への憧れなどから、ヤコブセンは生涯サボテンを愛した。当時、デンマークではサボテンの入手は困難であったが、珍しいもの好き、新しいもの好きのヤコブセンは苦心して入手している。サボテンをインテリアの一部と考えていたようだ。

　ところでヤコブセンが手掛けたデンマーク初といえるモダニズム建築の住み心地はどうだったのであろうか？　自邸で暮らしながら実験した結果、ヤコブセンはヨーロッパの機能主義建築の限界をすぐに感じとっている。開口部のサッシの鉄が錆び、室内の結露もひどく、フラットルーフも適していないことを実感したようだ。1930年代中頃になると、ヤコブセンは「フンキス」と揶揄されるのを屈辱に思い、「フンキスとは汚れた言葉だ![2]」と宣言し、「従来、機能主義は様式を示すが、フンキスは機能がなく形態だけである[3]」と述べ、機能のない白い箱型建築を批判した。そして自らも白い箱形建築を手掛けるのを回避するようになった。

　自邸は現在、Realdaniaという近代建築遺産を維持管理する財団が所有しており、建築家の一家が財団から賃貸し暮らしている。Realdaniaの維持管理に関する考え方は、文化遺産としての建物をミュージアムとして一般公開するのではなく、住宅は住宅として一般の人に暮らしてもらいながらそのままの機能を維持することをモットーとしている。Realdaniaはヤコブセンのスーホルムの自邸も所有しており、そちらもやはり建築家の一家が暮らしている。

SUMMER HOUSE
1938
ヤコブセンの夏の別荘

Gudmindrup Lyng, Denmark / photo: p.116–122

　1930年代は一躍モダニズム建築界の寵児となり、多忙を極めていたヤコブセン。自宅の一部がオフィスであるため、リフレッシュするには別荘が欲しかったのであろう。北欧では別荘を持つのが誰しもの夢になっている。ヤコブセンが見つけた理想の場所は、シェラン島北部の別荘地であった。ビーチには徒歩で行ける距離で、白い砂浜が広がっている。短い夏を楽しく過ごすには抜群の土地だが、コペンハーゲンからのアクセスは非常に悪い。しかしヤコブセンにとってそのアクセスの悪さは、日常と切り離すにはかえって好都合であった。

　ヤコブセンの夏の別荘は「白のモダニズム時代」の最後の作品といってよい。1930年代後半はヤコブセンもヨーロッパの機能主義に対して反旗を覆しており、自然との対話を重んじ、より地域に根ざした「北欧モダニズム」に傾倒していった。特にこの別荘は少し前に完成したグンナー・アスプルンドの夏の別荘（1937, p.14 / 18）の影響を受けていると思われる。アスプルンドの夏の別荘は北欧ロマンティシズムに回帰したもので、その地域の伝統的な農家風の造りを模している。ヤコブセンもまた、その地域に見合った建築を心がけた。

　大きな特徴はカーブを描く外観である。円弧を切り取ったような2層の建物は「未来の家」の発展形と考えられるが、実は曲線としているのは海風を受けるための機能を持たせたデザインなのである。円弧の内側がメインのファサードで、日よけのパラソルを設置し、つる性の植物を這わせるためのトレリスを設け、日光浴や団らんのひと時を過ごす場所としてデザインされている。円弧の外側は風を受けることが少ないため、木製の柱が連立する日よけのポーチがあり、バックヤードとして洗濯干場、休憩スペースなどに使われている。これはアルヴァ・アアルトの妻アイノが設計した夏の別荘「ヴィラ・フローラ」のファサードと酷似している。おそらくヤコブセンはそれを参照したのではないだろうか。ところがヤコブセンの夏の別荘の場合、木の柱が連続するポーチは裏側に隠れているが、ヴィラ・フローラもアスプルンドの夏

の別荘もそれがメインのファサードとなっている点で異なる。

　内部を見てみよう。2層の建物は2階がリビングで、二つの窓からそれぞれ異なる角度で雄大な自然の風景を楽しむことができる。ちょうど二つの窓にはさまれたコーナーに小さな暖炉が設けられている。1階はダイニングで、隣接したキッチンで調理されたものを受け取ることができる小窓が設けられている。キッチンは小さいながらも戸棚などの収納がよく考えられており、部屋全体は明るい色調なので気分よく調理ができそうな空間である。ちなみにパステルカラーの水色は次のオーナーが塗り替えたそうだ。連結している低層棟は、主寝室、子供部屋、ゲストルームが並んでおり、ガレージに繋がっている。

　新しいものが好きなヤコブセンは、当時珍しかった8ミリビデオを所有し、夏のビーチで楽しむ家族団らんの様子、二人の子供の成長の記録をフィルムに残している。ヤコブセン一家が仲睦まじく充実した日々を過ごしていた頃の一コマである。

　しかし戦争が激化すると、ヤコブセンは後妻とスウェーデンに渡り、一家離散となった。ヤコブセンが夏の別荘を手放したのは、戦後だいぶ経った1965年のことであった。仕事を通じてヤコブセンと知りあったエンジニアが買い取り、その後所有し続けていたが、2011年10月に財団Realdaniaに売却している。

　ガレージ脇に取り付けられた「KNARKEN」は、歴史上の人物の名前に由来した別荘の愛称である。ちなみにヤコブセンは別荘を売却した翌1966年、ティス湖の近くにある古い農家を買い取り次の別荘とした。必要最低限の改築で伝統的な農家の雰囲気をなるべく残そうとした。藁葺屋根はそのまま残し、田舎の牧歌的な雰囲気を維持している。

　晩年のヤコブセンはスーホルムの自邸でガーデニングや水彩画スケッチに没頭していた。しかしその一方で、日常生活を切り離した別荘での暮らしを求めていたのであろう。

OWN HOUSE (SØHOLM I)
1946–1950
ヤコブセン自邸（スーホルムⅠ）

Klampenborg, Denmark / photo: p.124–125

　戦後、祖国デンマークに戻ると、ヤコブセンはデンマークの戦後復興住宅の建設に取りかかる。その最初の仕事がスーホルムⅠである。低層の5戸連続のテラスハウスが、クランペンボーエリアの白いモダニズム建築群の隣の敷地に建てられた。スーホルムは三つの工期に分かれており、スーホルムⅠ（1950）、スーホルムⅡ（1951）、スーホルムⅢ（1954）は、それぞれ異なる形態の集合住宅である。

　スーホルムはどれも外壁にデンマークの伝統的な黄色の煉瓦ブロックを用いている。これは戦後の建築資材不足もあるが、むしろデンマークの風土に見合った伝統的素材への回帰の意味合いが強い。もともとヤコブセンはオードロップ・エリアの住宅で同じ素材の煉瓦ブロックを用いていた。スーホルムⅠは片流れの屋根が特徴であり、戦後の新しいデンマーク的デザインとしてヤコブセンが発案したものであった。戦後復興住宅としては、安価であること、量産できることが条件であった。

　ヤコブセンは5戸のうちの一番道路側の1戸を自邸兼事務所としている。1階、2階を住居部分とし、地下を事務所としていたが、所員数の増加に伴い、後年はスーホルムⅡに仕事部屋を借り、さらにデンマーク国立銀行の仕事が入ると、別な場所にも事務所を借りている。

　ところでスーホルムⅠは専用の庭付住宅で、植物好きなヤコブセンは自邸の庭のデザイン、植栽の種類にこだわった。晩年は庭いじりが日課で「生まれ変わったら庭師になりたい」というのが口癖だった。もちろん屋内には生涯愛したサボテン専用のプランターが置かれていた。

庭図面

庭の撮影をするヤコブセン（1960年頃）

サボテン専用のプランター

SØHOLM I — ARNE JACOBSEN — DENMARK

SUMMER HOUSE FOR KOKFELT
1956
コックフェルトの夏の別荘

Tisvilde, Denmark / photo: p.126–127

　1950年代以後デンマークでは日本建築から着想を得た引き戸を用いたオープンスペースの建築が数多く建設される。ハルドー・グンログソンの自邸（1958）、ポール・ケアホルムの妻ハンナの設計した自邸（1962）などが有名であり、その外観はフラットルーフであった。ヤコブセンはすでに1920年代から30年代にかけてフラットルーフの白い箱型のモダニズム建築を手掛け、その限界を知っていたが、夏の別荘に関しては再度流行に乗り、箱型の住宅に挑戦している。

　しかし1930年代と異なり、よりシンプルかつオープンな空間を実現させた。それは海辺に近い敷地で、用途が夏の別荘ということもあるだろう。クライアントのコックフェルト氏はそれ以前にヤコブセンにコペンハーゲンの住宅設計を依頼しており、お互いに信頼関係があった。

　さて夏の別荘であるが、2階の引き戸を開け放つと、外部と一体化したテラスの向こうに海が望める。カラッと乾燥した夏の北欧は窓を開け放すととても心地がよい。2階建てにしたのは、海を望む高い位置にリビングスペースを持ってきたかったからであろう。1階はガレージと倉庫、2階は居住スペース。リビング・ダイニングはキッチンと連続したオープンスペースで、それ以外の居室は最小限のスペースに、簡素なベッドと備え付けの棚があるのみである。ストイックな外観とは異なり、内部はパステル調の色合いが楽しげな雰囲気をつくりだしている。ヤコブセンには珍しくポップな色調で、水色、オレンジ色、緑色などが、部屋のアクセントとなっており、夏の別荘にはふさわしい。海を望む方向に小さな窓を開け、道路側から見ると覗き窓のようなデザインになっている。

　現在のオーナーは新聞広告でこの物件を見つけたそうだ。その後近代建築遺産のリストに登録され、自由な改築ができなくなり、色の復元に数年かかったが、オリジナルの状態で住むことにとても満足している。このようにデンマークでは近代建築に対する市民の理解と協力があり、住みながら保存していくことが当たり前のように根づいている。

前妻マリーへの手紙

　王立芸術アカデミーを卒業した1927年、ヤコブセンはマリー・イェストロップ・ホルムと結婚。彼女はデンマークの孤島フェロー島出身で、前衛芸術家や文学者と交流があった。照明デザイナーとして知られるポール・ヘニングセンも彼女を通じて知りあう。

　ふたりの新婚旅行はドイツとイタリアで、ヤコブセンは学生時代に感銘を受けたパエストゥムを再訪し、スケッチに収めている。古代に思いを馳せるデザインは、その後の建築要素としてたびたび表れることとなった。

　ヤコブセンはマリーとの間に二人の息子ヨハン、ニルスを授かるが、長男ヨハンによると「いつも父親不在の寂しい家庭だった」と振り返っている[4]。家庭を顧みず仕事に打ち込むヤコブセンの姿を思い描くが、家庭不和の理由はそれだけではなかった。マリーは前衛芸術家の団体に所属し、自由奔放な暮らしを求めた。一方、裕福で厳格な家庭で育ったヤコブセンは、穏やかでのんびりした暮らしを求めた。生活スタイルの異なるふたりは別居するようになった。

　共通の友人ヘニングセンは別居後のマリーを案じ、隣の家に住まわせた。しかしユダヤ人であったヘニングセンもまたヤコブセンと同様ナチスに追われ、スウェーデンへ共に逃亡している。夜逃げをする晩、ヘニングセンの住むエリアは警報が鳴り響いていたが、隣人マリーとその子供たちは置いていかざるをえなかった[5]。長男ヨハンは父ヤコブセンのことを憎み、そのことがトラウマとなって極左運動に参加し、船乗りになって国外をさすらう人生を送っている。父とのわだかまりが消えるまで20年以上の歳月を費やしている。

　もちろんヤコブセンはマリーと子供たちのことを見棄てたわけではなかった。それはスウェーデンでデザインされた1枚のテキスタイルデザインを見ればわかるであろう。馬の親子をモチーフにし、戦争のない平和な暮らしを求めた理想郷がパステルカラーで表現されている (p.113)。これは祖国デンマークに残してきた前妻と二人の息子を思いやるヤコブセンの心の表れといってよいだろう。ヤコブセンが理想とするユートピアが表現されている1枚である。

　ヤコブセンは前妻マリーと離婚後も交流を続け、次のようなポストカードを送っている。

> 1956年4月12日　親愛なるマリー
> 私が今まで訪ねた中で、一番素晴らしい場所からの手紙です。これぞまさしく本当の建築です。私が設計したどうしようもないものとは違います。手紙と同封されたもの、受け取りました。どうもありがとう。あなたのアルネより

　これはル・コルビュジエのロンシャンの教会を訪ねた時、ヤコブセンが前妻マリーに送ったものである。デンマークは現在でも離婚率は高いが、日本のように憎しみあって決別する夫婦は少なく、別れた後も家族関係を続けているケースが多い。

妻マリー

ヤコブセンがマリーへ送ったポストカード

後妻ヨナとテキスタイル・デザイン

　1943年、ヤコブセンはヨナ・モーラーと再婚し、ナチスの追っ手から逃げるようにスウェーデンに渡る。ポール・ヘニングセン夫妻とヤコブセン夫妻は知人に斡旋してもらった小さな手漕ぎボートで海を渡った。ヤコブセンは船酔いし、ヘニングセンもそれに続いた。しかし気丈な妻二人はボートを一生懸命漕ぎ、かぶっていた帽子で浸水した水を汲み出すなど、勇ましかったという。

　スウェーデンでは後妻ヨナの協力を得て、テキスタイル・デザインに打ち込む。ヨナはデンマークでテキスタイルを学び、それを仕事にしていた。ヤコブセンが描いたドローイングを彼女がシルクスクリーンにプリントする、という協働作業で日々を過ごしていた。ヤコブセンはスウェーデンでは主に植物をモチーフにしたドローイングを数多く手掛けている。もともと画家を目指していたので、自然の風景を水彩画で描くのが得意であった。テキスタイルの原画を見ると、植物をじっくり観察し、細部にわたって描いている。スウェーデン女王主催の展覧会がストックホルムにある老舗百貨店NHデパートで開催され、出品した16点のうち12点がスウェーデン国立博物館に買い取られている[6]。

　ヨナはデンマークのテキスタイルデザイナーのパイオニアといわれるマリー・グッメ・レスに師事していた。彼女もまた花をモチーフにしたデザインを手掛けており、ヤコブセンは彼女に次のような手紙を送っている[7]。

> あなたの花のベッドに足を踏み入れてしまい申し訳なく思っています（あなたの領域に踏み入れてしまった私を許してください）

　マリーが観賞用の可憐な花をモチーフとしているのに対し、ヤコブセンが描く植物は野に咲く名もない花や、葉っぱの微妙な緑色の違い、形態のディテールであった。初期のデザインはウィリアム・モリスを意識していたといえなくもない。

　デンマークに戻っても彼らの協働作業は続き、テキスタイルのデザインは、彼の設計した建築の壁紙、絨毯、カーテンなどのファブリックに用いられた。ある日、夏の別荘近くのクローバー畑でイーゼルを何枚も立てかけ、ものすごいスピードで水彩画を描いているヤコブセンの姿を所員が見かけている。小さな少年がそばにいて絵の具を混ぜるのを手伝っていたという。驚くべきことにそれがあっという間にテキスタイルの原画に変わり、製品となった。建築家の夏休みがいかに仕事と結びついているかを垣間見た所員の談である[8]。

　その後、植物のモチーフは幾何学形態へと変化していった。1950年代、60年代になると、より抽象的なもの、より簡素化したものへと変化している。

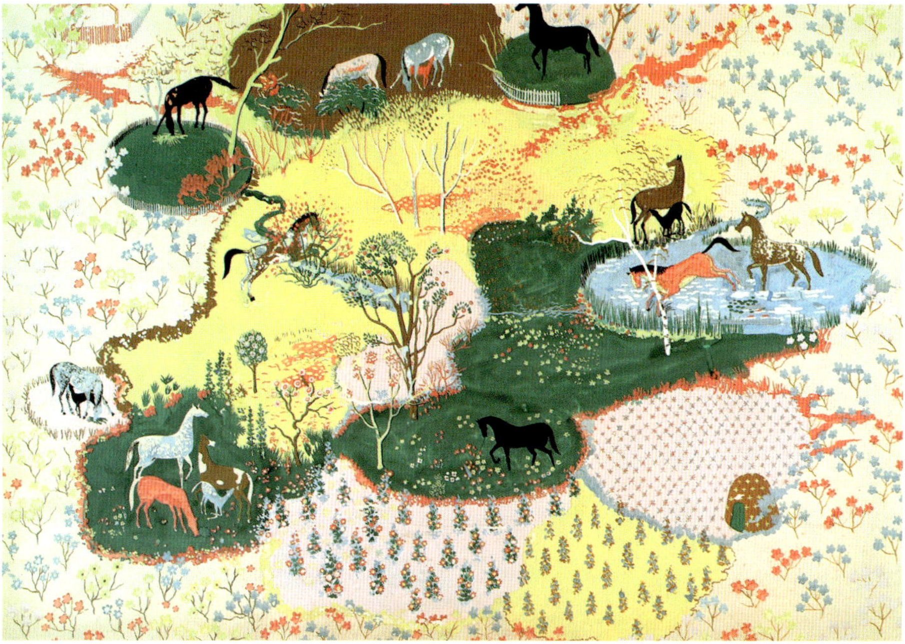
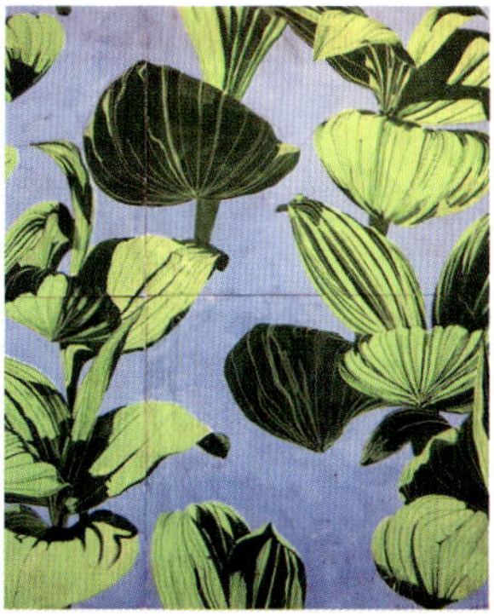
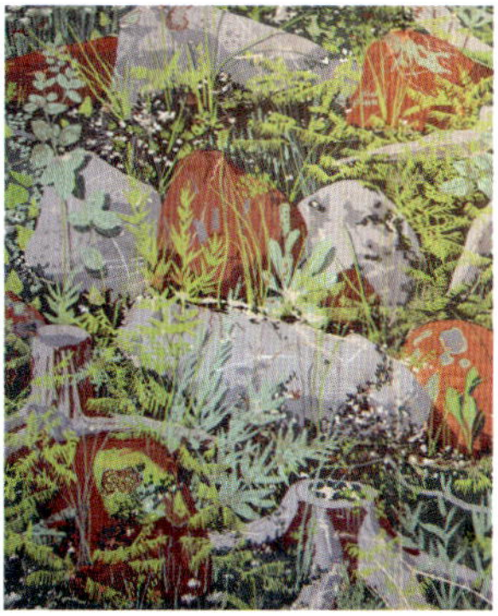
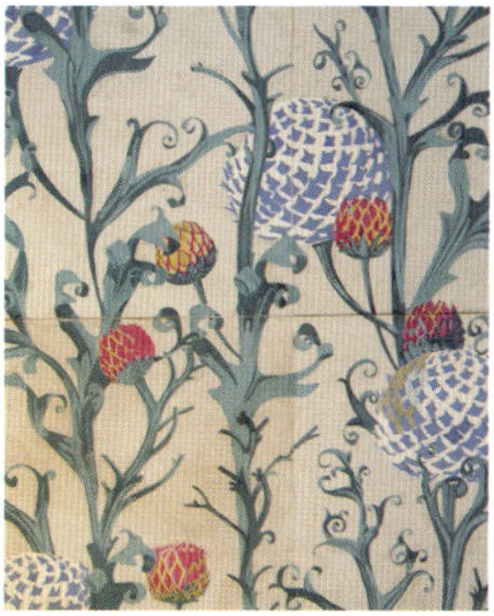
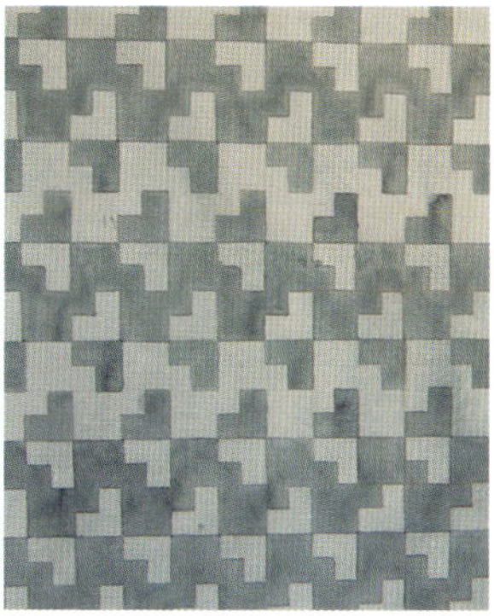
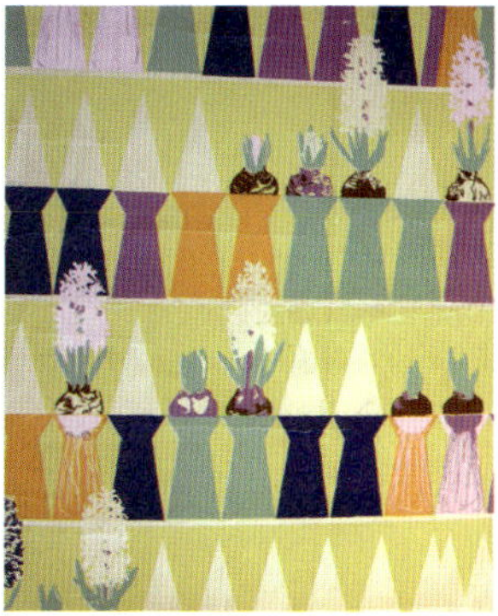
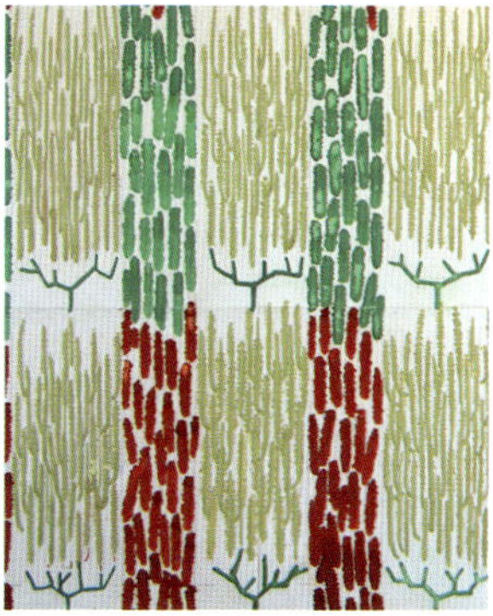

OWN HOUSE

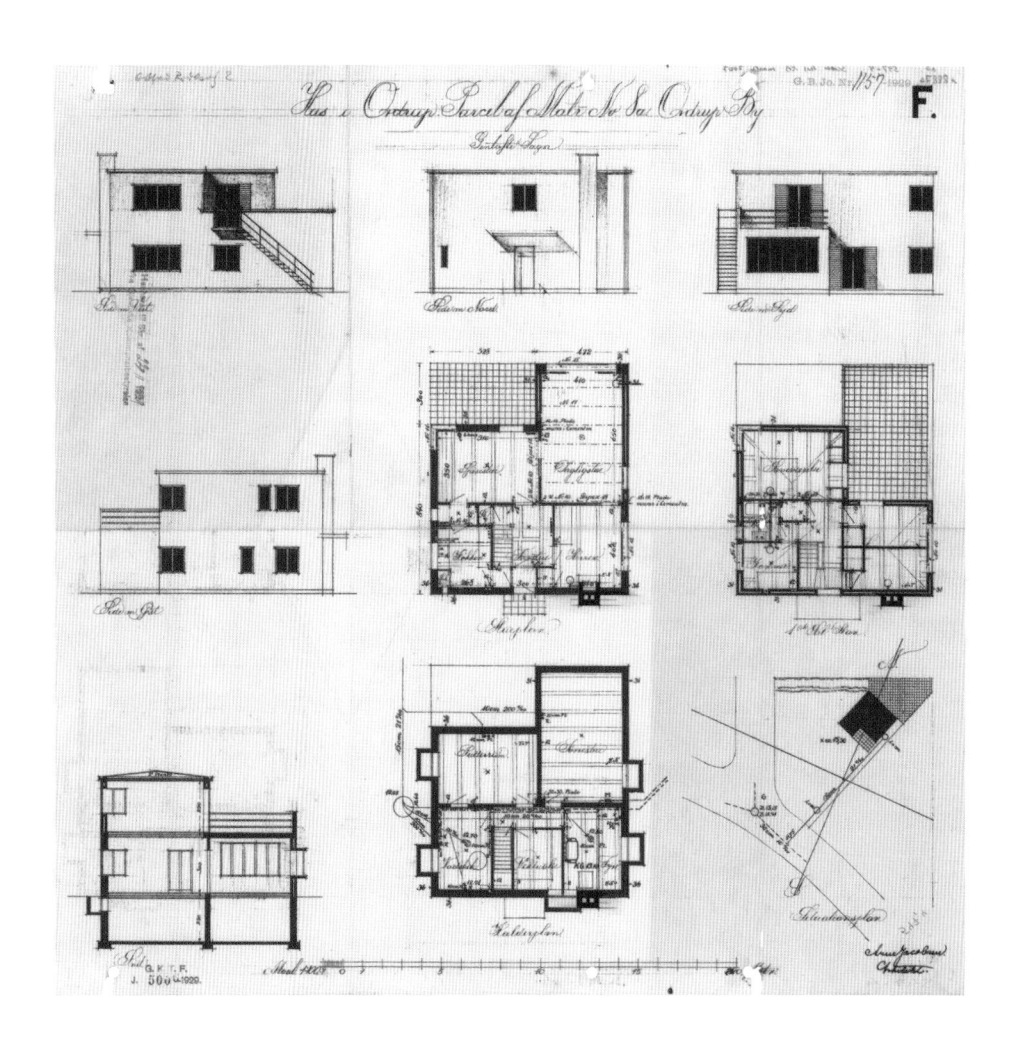

左頁上．庭から見たヤコブセン自邸
左頁下左．増築したオフィス棟
左頁下右．リビング
上．図面

SUMMER HOUSE

上．ヤコブセンの夏の別荘、エントランス側外観
右頁．煙突と炉

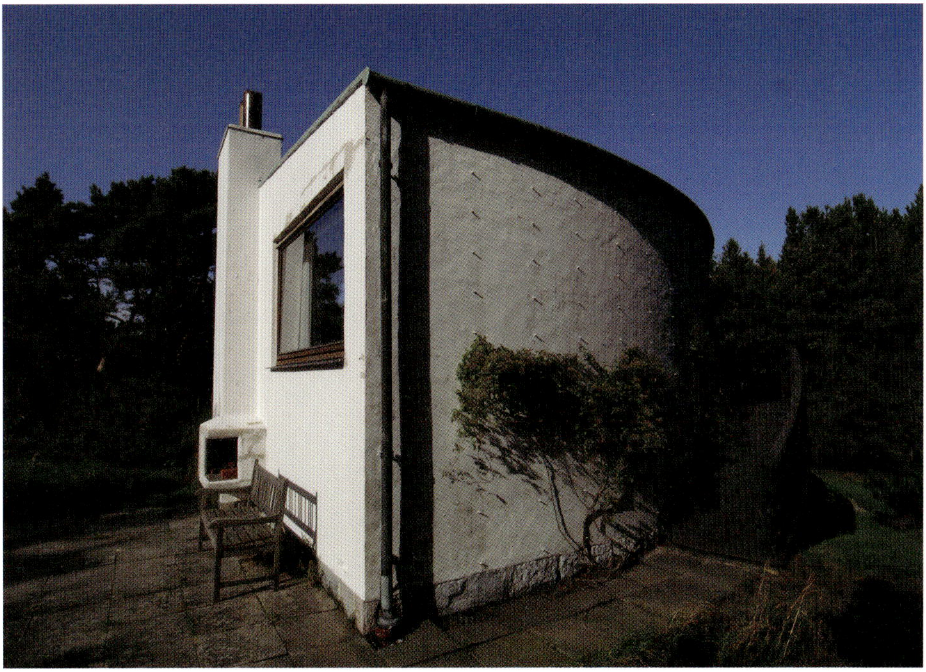

左 .「KNARKEN」と名づけられた夏の別荘
右 . カーブを描く外壁
下 . 裏庭に面した日よけのポーチ
右頁上 . 2階の階段脇スペース
右頁中 . 立面図
右頁下 . 平面図

119

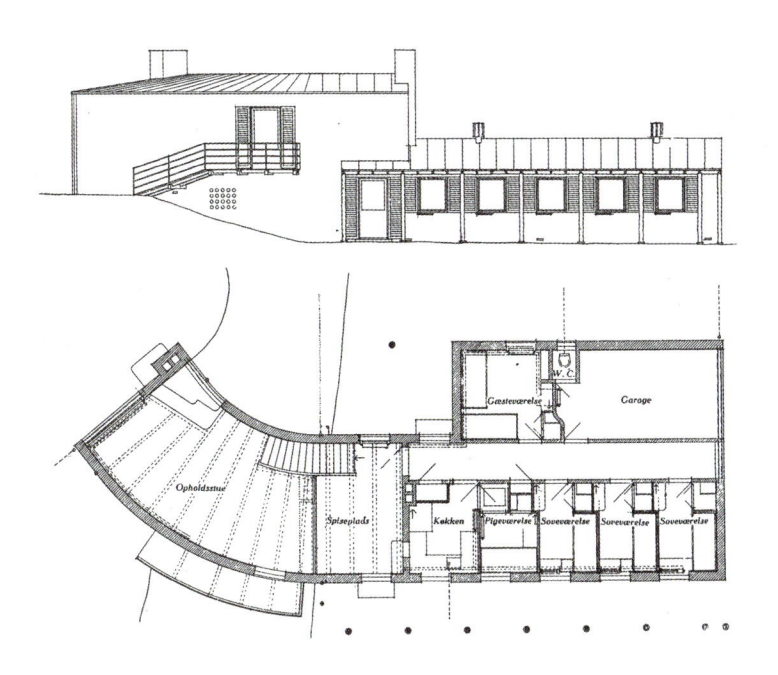

上 . リビング
右頁上 . キッチンとつながる小窓
右頁下 . キッチン

121

上.ゲストルーム
下左.ダイニング
下右.暖炉

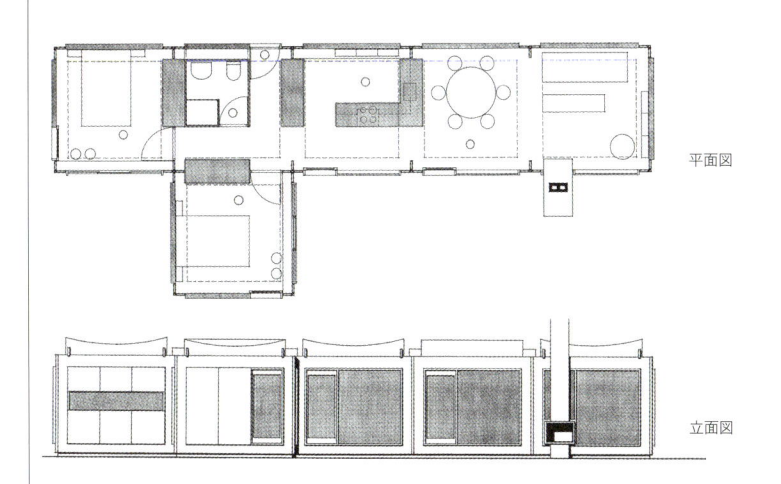

平面図

立面図

外観  リビング  キッチン

実験住宅 クーブフレックス Kubeflex(1970)

　ヤコブセンは2種類のプレファブリケーションの実験住宅を開発している。クーブフレックスとクバドラフレックスである。前者は3.36m四方のキューブの組み合わせで、後者は少し大きめの4.26m四方のキューブの組み合わせであった。いくつでも繋ぎ合わせることが可能な規格化住宅である。内部はキッチン、バス、トイレなどの水まわりがそれぞれ一つのキューブになっており、それ以外は通常の部屋として使用できた。外壁パネルも数種類あり、全面パネル、一部ガラス、全面ガラス、扉付パネルなど、組み合わせ可能であった。この住宅はプレファブリケーション会社より依頼があって開発されたもので、ヤコブセンはそれ以前の1960年代よりローコストの規格化住宅の開発を行っていた。しかし残念ながら製品化されることはなかった。

　ヤコブセンは小ぶりのクーブフレックスハウスを、サマーハウスの代用として所有していた。没後、ヤコブセンの家族から開発担当の所員エレン・ワーデに購入しないかと申し出があったそうだが、最終的にはユトランド半島にあるトラポルト・ミュージアムが買い取っている。このミュージアムは家具のコレクションで有名だが、野外ミュージアムを併設しており、伝統的な農家などが緩やかな丘陵地に点在している。その中でもこのクーブフレックスは異彩を放っている。

OWN HOUSE(SØHOLM I)

上.スーホルムⅠ外観
右頁上.パース図
右頁中左.ダイニング
右頁中右.子供部屋
右頁下.2階

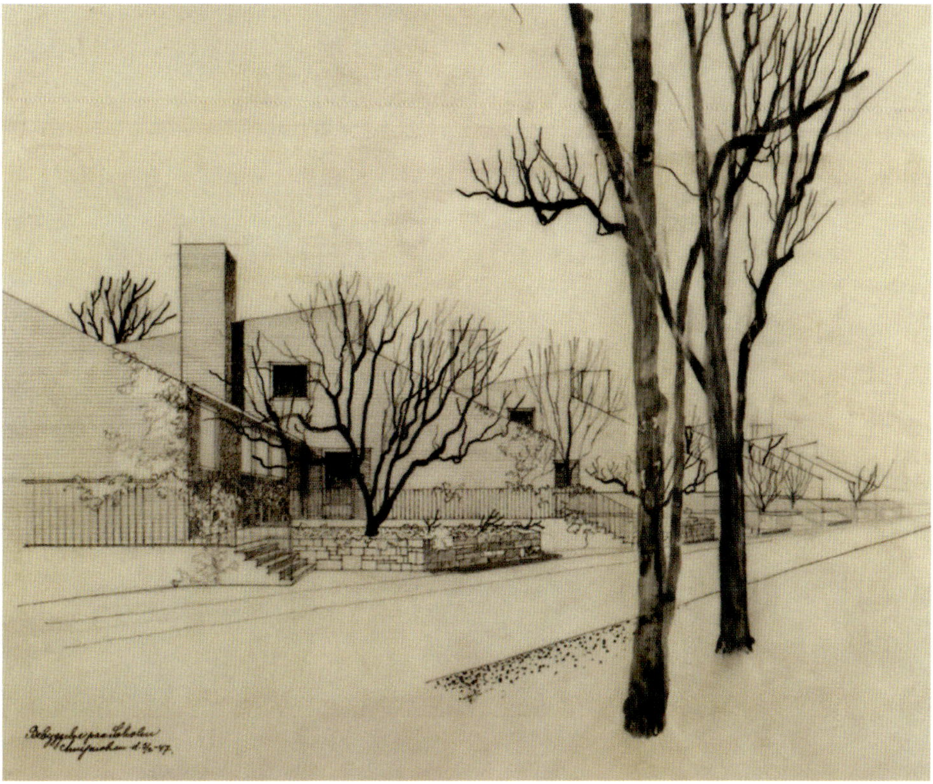

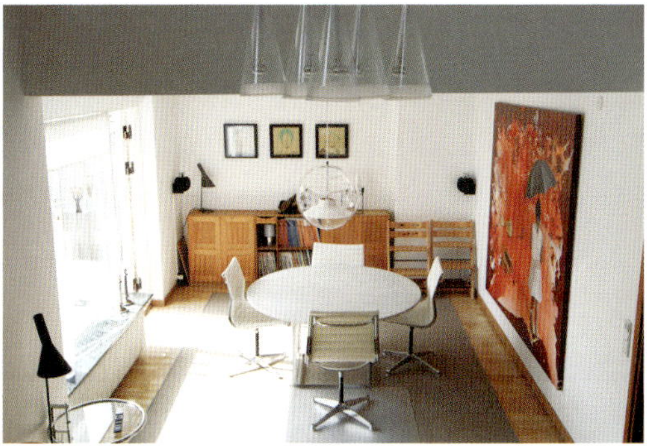

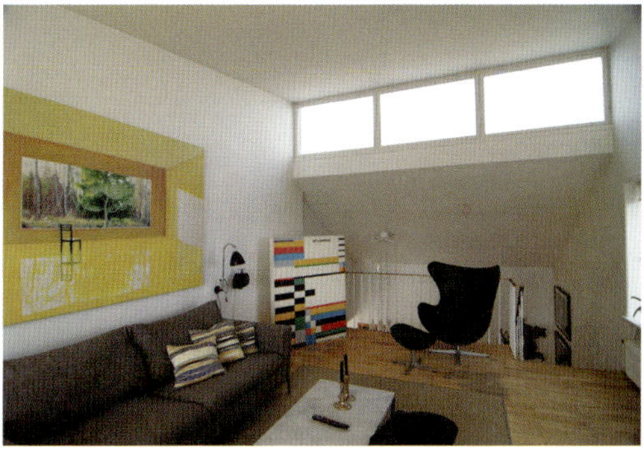

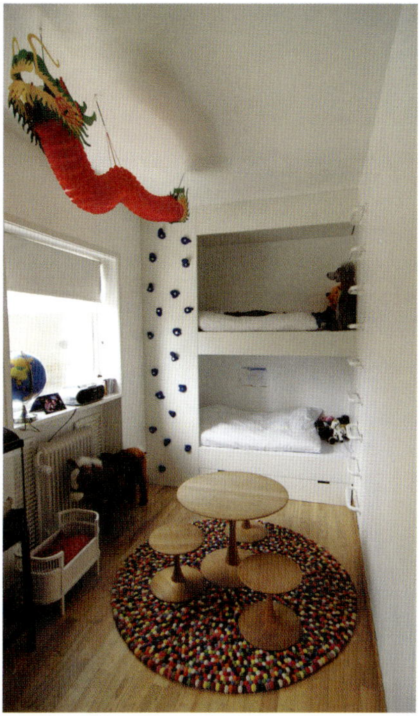

SUMMER HOUSE FOR KOKFELT

左頁上.庭から見たコックフェルトの夏の別荘
左頁下.正面のガレージ
上.カラフルなキッチン
下.テラス

フィン・ユール自邸（1942）

　フィン・ユール（1912-1989）はデンマークの家具デザイナーとして知られている。彫塑的な造形の椅子が有名であるが、実は建築家でもあった。ニューヨークの国連本部ビルの会議場のインテリアデザインを手掛けたことでも知られている。

　ヤコブセンより少し遅れて1930年にデンマーク王立芸術アカデミーに入学したユールは、建築学科でカイ・フィスカーに師事する。卒業後ヴィルヘルム・ロウリッツェンの設計事務所に11年間在籍し、コペンハーゲン・カストラップ空港やラジオハウスの設計に携わる。1937年にコペンハーゲン家具職人ギルド展がきっかけで家具製作を始め、それ以来、腕利きの職人ニルス・ボッダーとの二人三脚の家具製作は続いた。代表作ペリカンチェア（1940）など、美しい造形から別名「家具の彫刻家」とも呼ばれている。当初はかなり奇抜なデザインとして、酷評を受けたようだが、一度見たら忘れられない強いインパクトのあるデザインは、次第に人々に受け入れられるようになった。彫刻的なフォルムは、ジャン・アルプやヘンリー・ムーアなどの彫刻作品からインスピレーションを得ているが、グンナー・アスプルンドの夏の家の家具からも少なからず影響を受けている。

　ユールの自邸は1942年に建てられた。現在は隣接するオードロップゴー・ミュージアムが維持管理し、一般公開している。生前の暮らしがそのままの状態になっており、芸術作品に囲まれた上質な生活空間を体験することができる。白いモダニズム住宅ではシンプルな暮らしが営まれていたが、その一方で内部に入ると、壁に掛けられた絵画や棚に置かれた彫刻作品と同等に床に置かれた椅子は、まるでミュージアムの芸術作品のように美しい造形美を誇っている。

　ユールの最初の結婚は1937年。妻インゲ・マリー・スカラップは歯科医であったが、芸術に対する関心は高かったようだ。2番目の妻ハンナ・ヴィルヘルム・ハンセンは音楽に関する仕事をしており、彼女の父親は絵画のコレクターで、ハンナは常に芸術作品に囲まれて暮らしていた。ユールもハンナのアドバイスを受け、自邸で少しずつ美術作品のコレクションを増やしていった。特に色彩に関してはこだわりがあり、室内空間も部屋ごとに天井の色が異なっている。それ合わせて家具や芸術作品が収集され、配置された。

　ちなみにユールの自邸はヤコブセンの自邸と歩いていける距離にある。外観だけでも見比べてみるのもよいだろう。

庭から見た外観　　　　　　　　　　　　　　　　エントランス

4

MOGENS LASSEN

VILLA MØLLER

OWN HOUSE

JESPERSEN HOUSE

DENMARK

MOGENS LASSEN
1901–1987
モーエンス・ラッセン

　「フンキス」(機能主義者)と呼ばれ、白いモダニズム建築をデンマークで展開した建築家。特にル・コルビュジエの影響が大きく、彼の提唱する「近代建築の5原則」に基づき、自由な平面、自由な立面、水平線を強調した横長の窓、屋上庭園、ピロティなどを実現させた革新的な建築家である。

ル・コルビュジエへの憧れ
　モーエンス・ラッセンの父は装飾画家、母も画家であった。ラッセンは子供の頃から建物に興味があり、写真を撮ったり、スケッチを描いたり、調査したりするのが好きな好奇心旺盛な少年であった。シェラン半島の寄宿舎でアルネ・ヤコブセンと出会い、彼と一緒に学校の先生を困らせるなど、やんちゃな少年時代を過ごした。モーエンスの弟フレミングは、ヤコブセンの共同設計者として「未来の家」コンペに応募し、優勝している。画家を目指していたヤコブセンに建築家への道を進めたのも、幼馴染のラッセン兄弟であった。

　ラッセンはコペンハーゲンの技術専門学校で1919年から4年間、建築の基礎を学び、煉瓦職人の資格を取得。その後1923年に王立芸術アカデミーに入学するが、両親の経済的な都合により学校を辞め、実務的な仕事を通じて建築を学ぶことになった。チューゲ・ヴァスの事務所で1925–34年まで勤め、その間1927–28にフランス・パリへ渡り、デンマーク人建築家クリスチャン&ニールセンの事務所で修業する。パリ滞在中にル・コルビュジエの革新的な住宅に衝撃を受け、その経験から機能主義建築に目覚めた。

フンキスのパイオニア
　1935年に独立したラッセンは、コルビュジエの「近代建築の5原則」をデンマークで広めようと試みる。それまで煉瓦造の建物が主流であったデンマークに、鉄筋コンクリート造のモダニズム建築を手掛けたことで一躍「フンキス」建築家として有名になり、その道のパイオニアと呼ばれた。

ラッセンの建築の特徴は、光である。光を自由に扱い、内部空間を光によって劇的に変えるなど様々な挑戦を続けた。ラッセンは光の重要性について、次のように述べている。「常に光を取り入れるべきである。落ち着きとバランスを保つために。人々に平和な心、ひらめき、刺激を与えるために[1]」。

ラッセンといえば住宅を思い描くが、実は大きなプロジェクトの設計競技にも応募している。例えば、コペンハーゲン・カストラップ空港、オーフス市庁舎などである。しかしそのいずれもラッセンの案はかなわず、カストラップ空港はヴィルヘルム・ロウリッツェン、オーフス市庁舎は幼馴染のアルネ・ヤコブセンが一等を獲得し、実現している。

プロダクトデザイナーとしての活躍

ラッセンの活躍は建築のみならず、家具やプロダクトデザインにおいても優れた業績を残している。革新的な建築とは異なり、彼自身がデザインする家具は、伝統職人の技をベースに制作されたものが多い。スチールをベースにした椅子ML33 (1933)、3本足のスツールML50 (1950) は、時代を経てもなお美しい造形美を誇っている。クラフトマンシップとシンプルさを追求してできあがったデザインである。プロダクトデザインの分野では、バウハウス的な造形や解釈を試み、キャンドルスタンドKubes (1962) やボウルのデザインをしている。キャンドルスタンドKubesは2012年で50周年を迎え、復刻版以外にも様々な限定商品が発売されている。現在も、孫ソーエン・ラッセンとひ孫のナディア・ラッセンがBy Lassenという会社を設立し、家具やプロダクトデザインの生産を引き継いでいる。

3本足のスツール 　　キャンドルスタンド 　　少年時代 (1910)　左からフレミング＆モーエンス・ラッセン兄弟、右端アルネ・ヤコブセン

VILLA MØLLER
1934-1935
モーラー邸

Hellerup, Denmark / photo: p.146-147

　淡いブルーグレーの外観の住宅は芸術に造詣の深いモーラー家のために建てられた邸宅で、内部に入るとよりビビッドな色合いがまるで軽快な音楽のようにテンポよく現れる。クライアントのエッゲルト・モーラーは医学博士で、夫人はデンマークの有名な作曲家カール・ニールセンの娘であった。

　通りから見ると、単なる四角いキューブ状の家に見える。窓が極端に少なく、閉鎖的な印象はラッセンの建築の特徴といえる。しかし庭側へ回ると、ファサードは開放的で変化に富んでいる。大きな開口部が庭に向かって開かれ、2階には当時珍しいテラスが設けられており、しかも赤茶色の外壁はかなり目立つ。

　ル・コルビュジエを崇拝していたラッセンは、流行を先取りして建物に色を用いることを好んだ。コルビュジエは1932年にバーゼルの壁紙工場ザルブラ社で、色の図録「Les Claviers de Coleurs」を制作している。「雲」「砂漠」「空」などの自然の色を組み合わせた見本帖[2]であった。このモーラー邸では、その色のスキームが適用された。北欧の光は他のヨーロッパ諸国とは異なり特殊である。ラッセンは建築に色を取り入れる際、デンマークの建築家ミカエル・ゴッドリーブ・ビンデブルのトーバルセン・ミュージアムやカール・ピーターセンのフォーボー・ミュージアムを参照した。その二つのミュージアムは内部空間に意図的に特徴的な色を用いているからである。ラッセンはリサーチを重ねた結果、建物内部だけではなく、ファサードにも色を用いることにした。それはある意味、実験でもあった。当時のデンマークでは黄色の煉瓦造の住宅がほとんどで、外壁に色を用いている住宅は珍しかった。唯一ヤコブセンだけが白いモダニズム住宅を展開していた。ラッセンのモーラー邸は建物全体のファサードを淡いブルーグレーにし、2階の南側の壁だけ赤茶色を用いている。それは2階に固有性をもたせるためであった。特に赤茶色は見ている者を暖かい気持ちにさせ、夜はその色で植物を照らすことができると想定したからである。

　もちろん建物内もインテリアとして色が加えられた。例えばリビングは明

るい緑[3]、書斎とエントランスはパステルブルー、ゲストルームはオレンジ、キッチンは明るいターコイズブルーなど、部屋の機能に応じて各色が選ばれ、それに付随した家具やインテリアも部屋ごとに異なる。

　このような色の使い分けは、物理的な効果のほか、精神的な効果も期待された。その一方で全体のバランスを考える必要があった。「それは絵を描くようなものだ[4]」とラッセンは述べている。ヨーロッパでは1930年代、インテリアに色を用いるのが流行していた。色によって室内の雰囲気を変えられるこのシステムを、ラッセンはモーラー邸以降、他の住宅にも適用している。後で紹介するイェスパーセン邸（1939）でも同様に色で展開している。

　このように、色と形、光と影などの対比を用いることによって、室内に緊張感と調和をもたらした。クライアント夫妻は住宅に合った家具を備え付けることを最初から建築家に依頼し、すべての古い家具を処分した。つまりこの住宅はインテリアも含めて、トータル・コーディネートが望まれたのである。建築家のみならずクライアントも、新しい時代に見合った新しいライフスタイルを目指していた。

　現在のオーナーは建築家で、1990年に入居している。1997年にデンマーク文化省より歴史文化遺産として認定され、2001年に復元のための助成金が与えられた。そして当時の色が復元されオリジナルの状態に修復されている。

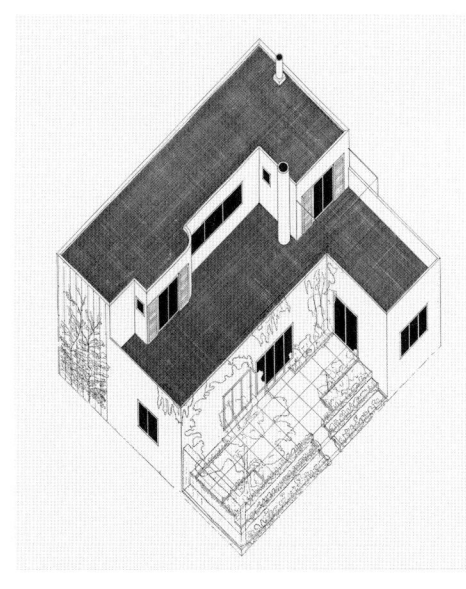

アクソメ図

OWN HOUSE
1935–1936
ラッセン自邸

Klampenborg, Denmark / photo: p.148–151

　白い巨大彫刻ともいえるラッセンの自邸。高級住宅地に突如現れるその佇まいに息をのむ。周囲とはかなり異質な様相を呈している。人を拒絶するような、孤高とした姿はラッセンの生き方そのものといってよいだろう。白い壁の内側には、ラッセンが夢見続けた壮大な宇宙が広がっている。
　この自邸にはコルビュジエの「近代建築の5原則」の影響が随所に見られる。当初、コルビュジエのシトロエン住宅と同様、複雑なものを一切排除し、規則的な配置によって極力シンプルなデザインにしていた。道路側から見ると、狭い窓があるだけで一見2階建てに見える。しかし実は敷地の高低差を利用し3階建て住宅としている。庭側へ回るとそのファサードはコルビュジエのガルシュの住宅のように横長の窓が連続しており、4階建てに見える。しかしそれは屋上に高さ2mの壁を設けているからである。これはコルビュジエのサヴォア邸の屋上庭園の独立壁を真似たのだろう。屋上のプランターには様々な植物が実験的に植えられ、後に増築された中2階のパティオにも南欧風の樹木が植えられた。芝が刈りそろえられた庭園から眺めると、白い自邸はやはり巨大彫刻のように見える。
　ラッセンは自邸を実験の場と考えていた。住みながら手を加え続け、住宅の内部も外部もスペースを利用しつくした。それはまるで「生き物」のような変化と成長であった。特に彼は壁にこだわりを持ち、住宅内部も外部もまるで迷路のように壁が立ちはだかっている。それでもラッセンは各居室になるべく多くの太陽光を取り入れようと厳密に計算し、開口部をあらゆる場所に設けている。太陽光は壁に光と影を落とし、質感を与える。その推移は人間の魂にも何らかの影響を与えると考え、光と影が織りなす調和を感じる空間を目指した。パンテオンのドームのようなデザインになっているエントランスホールは、当初自転車置き場として設けられていた。しかしその後改築され、低いドアを潜り抜けると、天井から光が差し込む劇的な空間に変わった。この空間に身を置くと、まるで薄暗い洞窟の中にいるような感覚に陥る。
　最も大きな変化はアトリエ棟の増築（1963）である。大きなヴォールト天

井のデザインは計画当初からあった。「アーチはより多くの平和を与える[5]」と述べ、仕事場に心の平穏を求めた。アトリエの北側に大きなトップライトを設けたほか、光がヴォールト天井の上層部から壁を伝って落ちてくる仕組みを考え、神聖な雰囲気をつくりだした。それはまさしくパリのコルビュジエのアトリエの影響を受けているといってよいだろう。ラッセンは太陽高度の低いデンマークでの入射角度をスタディし、古い教会建築を参照し、光の効果を空間にもたらすことに成功した。パリのノートルダム寺院に憧れていたラッセン。まるで教会で鳴り響くオルガンの音色のように、光がゆっくりとアトリエ空間を満たしていく。

彼の夢と理想は尽きることなく、二つの円錐形が突出したユニークな形の「秘密の部屋」を設けた。この部屋は別名「隠された部屋」と呼ばれ、家族すら入室することを許されなかった。壁に囲まれた部屋で五感を研ぎ澄ますことを好んだラッセンは、エコーが響きわたるこの神秘的な空間に魅せられ引きこもるようになった。ピラミッド内にいるような不思議なパワーを秘めたこの空間で、友人のヒューバート・ポールセンだけを招き入れ、ふたりは円錐の下で瞑想にふけった。しかしラッセンの死後、しばらくこの部屋の存在は家族から忘れ去られていた。

ちなみに彼は三度結婚をしている。初婚は自邸を設計する前の1932年、相手は建築家の娘だった。再婚は1949年で相手は外科医の娘だった。三度目の結婚は1967年で彼が亡くなるまで続いたが、夫としては時にはわがままで身勝手だったという。この「秘密の部屋」の存在がそれを物語っている。ラッセンは1987年に亡くなるが、自邸は約50年の間、色の実験、家具の実験、庭園の実験などが繰り返され、竣工時とかなり異なる姿に変わった。ラッセンは瞑想から湧き上がる内なるパワーで自身の夢を追い続けたのである。

自邸のアトリエにて

3番目の妻ディッテと(1972)

JESPERSEN HOUSE
1938–1939
イェスパーセン邸

Klampenborg, Denmark / photo: p.152–153

　ラッセンは自邸の並びの2軒を手がけているが、一つとんだ2軒目の住宅は、白い外観ではなくカラフルな色彩が一際目立つ。これは編集者イヴァ・イェスパーセンの住宅である。この敷地は自邸とは異なり、道路に向かって湾曲していた。エンジニアのアーンスト・イシュイは「立方体が一番ふさわしい形態である」と考えたが堀に向かう高低差をうまく利用した。道路側から見ると小さな平屋建てに見えるが、庭側へ回ると三つの立方体が連続しているかのような構造であることがわかる。東側はキッチンとダイニング、真ん中は主寝室、西側は子供部屋とゲストルーム、といった具合に機能がデザインによって分かれている。それはラッセンが庭にあった木を切らずに残したためであり、このような縦に分断されたデザインとなった。

　この住宅においてもラッセンはデンマークの太陽の高さ、光の入射角を計算し、ガラスを実験的に用いている。ファサードにも多用している。またモーラー邸と同様、赤茶色をファサードに用いている。二つの住宅で共通するこの色使いは単なる偶然ではないだろう。ここでは歴史的背景を考慮し、かつての城砦の色を取り入れたことにしているが、周囲の緑に合わせて、緑の補完色である赤系の色を採用した、というのが本当の理由であろう。それはコルビュジエのカラースキームを取り入れた配色の組み合わせであった。

　さて室内の色の使われ方を見てみよう。玄関脇の曲線を描いたオレンジ色の壁はトイレである。キッチンでも自然光を取り入れようとガラスを天井にはめ込み、節電と作業効率が考慮されている。ダイニングとリビングは緑を基調とし、アクセントとしてオレンジを入れている。また主寝室には薄い青を用い、ヴォールト天井にしたのは、心理的に落ち着かせる効果を狙ったものである。廊下や部屋の随所に丸い天窓をあけ、そこから青い空が見えるよう工夫されている。ラッセンはこのように、機能だけを追求したのではなく、家全体に色や光を取り入れ、美的要素を持ち込んでいる。

5

JØRN UTZON

OWN HOUSE

MIDDELBOE HOUSE

DENMARK

JØRN UTZON
1918-2008
ヨーン・ウッツォン

　首都コペンハーゲンに生まれ、オールボーというデンマーク第三の都市で少年時代を過ごしたヨーン・ウッツォン。3人兄弟の真ん中で、一番夢見がちな少年であった。いつも学校帰りに父親の仕事場である造船所を訪れるのが日課であった。晩年は「建築家は素晴らしい職業である。私にとってそれは神様からの贈り物であった[1]」と述べている。

自然派志向の両親の影響
　ウッツォンの父はイギリス・ニューカッスルの大学で教育を受け、その後造船技師になった。しかし技術面だけでなく、デザイン面においても優れた才能を持ち、特にヨットのデザインセンスの良さは際立っていた。アウトドア志向で、趣味の釣り、狩り、キャンプ、ヨットなどを通じ、自然との関わり方を息子に教えた。波の動き、木の形など、"目で見て学ぶ"体験型の教育である。釣りの間は、波の形を眺め、漂う雲の流れを追う。狩りの間は、木陰に身を潜め、五感を研ぎ澄まし、獲物を待つ。どこで身を隠したらよいか、周囲の環境をすばやくキャッチする感覚を身につけることにつながった。

　常に国外に目を向けていたウッツォンの両親は、1930年にストックホルム博覧会を訪れ、強い衝撃を受けている。彼らはすぐにライフスタイルの近代化を図った。家具は重厚で装飾華美なものから、シンプルで機能的なものに変え、食生活は野菜中心の自然食に改良し、健康的で明るいモダンな生活を目指した。その根底には、都会より自然、車より自転車、という自然派志向の考えがあり、両親から譲り受けたライフスタイルはウッツォンに大きな影響を与えた。

　ウッツォンは幼い頃から芸術家肌であり、絵画だけでなく彫刻にも興味を持っていた。叔父で彫刻家のアイナー・ウッツォン・フランクに進路を相談したところ、芸術家ではなく建築家の道を薦められ、1937年に王立芸術アカデミーの建築学科に入学する。

北欧での修業時代

　アカデミーに入学したウッツォンは、建築家カイ・フィスカーに師事している。フィスカーは授業でグルンドヴィ教会（1940）をよく引き合いに出し、デンマークの伝統と近代建築との融合を論じた。グルンドヴィ教会は伝統的な煉瓦を用い、職人による手作業は素晴らしく、完成まで長い年月を要している。同様にウッツォンも煉瓦ブロックの積み上げにはこだわりを持つようになった。人々に感動を与える建築は職人による手作業抜きには語れないと考え、腕の良い職人には敬意を払い、彼らとの良好な関係によって煉瓦を用いた卓越した建築、キンゴーハウス（1960）などが後にできあがった。

　1942年アカデミーの卒業と同時に医者の娘リス・フェンガーと結婚。男3人兄弟で育ったウッツォンは、ダンスで女性の手を握ることすら恥らう純情な青年であったが、彼の心を射止めたリスは、生涯にわたり彼の良き伴侶となった。ふたりは友人の建築家トビアス・ファイバーとともに戦時下のデンマークを離れ、スウェーデンへ渡った。

　スウェーデンでの3年間は、他国の文化や建築を知る絶好の機会になった。特にアルネ・コルスモ夫婦との出会いは大きく、彼らを通じ北欧諸国の建築家、芸術家と知りあうことになる。また1940年に没したグンナー・アスプルンドの業績を著書にまとめた建築家ハーコン・アールベリの事務所などに勤務し、彼の死後の影を追うことになった。ストックホルムの国立民族博物館の茶室・瑞暉亭（ずいきてい）（p.57）にも訪れ、日本建築への興味を募らせた。

　1944年にストックホルムで行われたアルヴァ・アアルトのレクチャーも大きな影響を及ぼしている。桜の木の枝につく葉の位置に関する話が印象に残り、それがきっかけで自然の構造に興味を持つようになった[2]。翌1945年にはフィンランドに渡り、アアルトの事務所で数週間過ごしている。ウッツォンはアアルトに出会ってからより一層、自然のオーガニックなフォルムや自然の原理を建築の構造に応用する思考へと傾倒していった。

アメリカでのライトやミースとの交流

　1945年に帰国したウッツォンは、植物の分析、数学的な解析、生物の形態的特徴などにのめりこみ、幾何学的要素を建築形態に持ち込むようになった。「数学が苦手だったので、エンジニアにはなりたくなかった。しかし幾何学はまったく異なる原理がある。私が建築家になりえたのは、空間的センスがあったからに違いない。私は建物を建てるプロセスとしてまず頭の中で空想する。その能力があるからなのだ[3]」と述べている。

帰国後すぐに事務所を設けたが仕事の依頼はなく、グラフィックや照明のデザインをしながら収入を得ていた。コルスモやトビアスと数多くのコンペに参加したが連戦連敗であった。

　その後1949年に奨学金を得て、妻リスと念願のアメリカへ渡る。そこで憧れの建築家ミース・ファンデル・ローエやエーロ・サーリネンらと出会う。フランク・ロイド・ライト本人から住宅を案内されたことは特に思い出深く、住宅の中では背の低いライトよりも自分の方が低く感じたそうだ。ちなみにウッツォンは193cmの長身である。「いつまでも好きなだけ居ていい」と言われ、野外にテントを張って数日間過ごした。

　気難しいライトとは異なり、ミースはフレンドリーだった。ふたりはその後も交流を続け、シドニー・オペラハウスのコンペに勝った際も、ミースのシカゴのオフィスを訪ねている。

　ちょうど同じ頃、フルブライト奨学金でシカゴに留学していたコルスモ夫妻にも再会し、メキシコのユカタン半島を一緒に旅してまわっている。その前年1948年にモロッコに渡ったことも生涯忘れられない思い出となり、そこで接したイスラム建築は、後の設計に深く影響を与えている。

　アメリカでの見聞を深めたウッツォンは1950年にデンマークに戻っても、相変わらず仕事はなかった。そこでウッツォンは自邸（1952、p.142 / 156）を建てることに決める。彼にとって自邸の設計は実験であった。ウッツォンは「the intermost being of architecture」という論文（1948）の文末を次のように締めくくっている。「建築家は創造力と想像力を持たなければいけない。そして時々ファンタジーやドリームと呼ばれる能力も持たなければいけない[4]」と。彼の夢と理想は自邸に盛り込まれた。またランゲリーニのパビリオンのコンペ案（1953）は皿状の形態が積層する画期的なデザインであったが、審査員の一人アルネ・ヤコブセンはウッツォンの案ではなく、ガラスと鉄を用いたインターナショナルスタイルの建築案を採用している。ウッツォンとヤコブセンは世代も異なるが、目指していた建築も異なっていた。

　その後、ウッツォンはいくつかの住宅を手掛けるが、キンゴーハウス（1959）、フレデンスボーハウス（1963）などで、住棟配置の手法が高く評価される。それらは中国・四合院などの中庭型住宅やローマのパティオ付住宅を模したもので、家族のプライバシーを確保しつつ、近隣とのコミュニティの在り方を模索したものだった。

シドニー・オペラハウスの悲劇

　ウッツォンの転機は1955年シドニー・オペラハウスのコンペである。最初は落選したが、エーロ・サーリネンがウッツォンの案を強く推し、無名の建築家が世界中から注目を集めるようになった。ウッツォンは1963年より家族とともにオーストラリアに拠点を移し、スタッフも呼び寄せた。彼は忙しい中でも家族と過ごす時間を大切にし、二人の息子ヤン、キム、娘リン、妻リスも、彼の仕事を誇りに思った。家族はいつも一致団結していた。

　ところがコンクリートシェル構造の複雑さから、オペラハウスの工期は大幅に遅れ、当初の予算をはるかに上回った。1965年州選挙によって政府のメンバーが入れ替わり、翌年ウッツォンはオペラハウスの設計担当から外されてしまう。失意のウッツォンは実質的な仕事を息子たちに任せ、約30年間スペインで隠遁生活を送った。妻の名をとったキャン・リス（1971）は、夫妻がマヨルカ島で過ごした自邸である。今までの経験と技術が詰めこまれ、ヘルベックの自邸と同様、煉瓦をモジュールとしている。その後、金婚式の記念にキャン・フェリス（1995）が建てられ妻に捧げられた。

　1973年に完成したシドニー・オペラハウスは、世界で最も有名な建築となった。2007年には世界遺産として登録され、今やウッツォンのオリジナルのプランに戻そうという動きさえある。デンマーク国内においてはプレキャストコンクリートを用いたバウスヴェア教会（1976）が代表作の一つとなり、幼少時代に過ごしたオールボーではウッツォン・センター（2008）が完成し、話題となった。このように時代の変遷とともにウッツォンの評価も変わり、2003年には建築界のノーベル賞といわれるプリツカー賞を受賞している。

　ウッツォンは妻リスが体調を崩して以来、自国のデンマークに戻りヘルベックの自邸で静養していた。終の住処となったのは、厳しい自然環境に囲まれた、祖国デンマークの自邸であった。

キンゴーハウス

フレデンスボーハウス

OWN HOUSE
1950–1952/57
ウッツォン自邸（ヘルベック）

Hellebæk, Denmark / photo: p.156–157

　自然の中に溶け込むようにひっそりと佇む簡素な住宅。松林の奥に見える平屋建ての住宅は、広大な敷地と大自然を一望できるすばらしい環境にある。ヨーン・ウッツォンは晩年、ここで静かに余生を過ごしていた。

　自邸は彼にとって初めての住宅建築であった。戦後スウェーデンから祖国デンマークに戻っても仕事がなかった彼は、ヤンとリンという二人の子供のためにも、自邸を建てることに決める。ヘルベックという自然豊かなエリアで敷地が見つかるまで、妻リスと自転車でまわり、テントを張ってキャンプをしながら節約したという。ようやく探し当てた理想の敷地では、実物大の模型づくりからスタートした。近くのスポーツ競技場から不要になった木材を持ち帰り、そこにポスターを繋ぎ合わせ、2.5×5mのキャンバスとし、壁に見立てた。図面を描かずに設計を始めたというのは驚きである。スケール感や自然との距離感を直に体感できるこのプロセスがふたりには一番合点のいく方法であった。

　こうして住宅の形状と配置を決めると、ウッツォンは両親にその模型を見せようとする。常に巨大なものと向きあっている造船技師の父に、等身大のスケールを見せ、アドバイスを求めたかったのだろう。しかしその前日、模型が風に飛ばされてしまい、両親は敷地だけ見て帰ったそうだ。

　都会ではなく豊かな自然が広がる郊外を敷地に選んだ理由も、父と狩りに出かけた幼少の記憶があったからだという。両親と暮らした家には野菜畑もあった。また、妻リスと旅したモロッコ、北アメリカ、メキシコの風景も忘れがたい思い出となり、郊外の地を選んだ理由となっている。ふたりが求めた生活環境は、スキー、水泳、狩り、ヨットなどレジャーが楽しめる、自然と共生する暮らしであった。

　さて建物のファサードを見てみよう。南面の大きなガラスの開口部が特徴である。北面はその逆で、壁で閉じている。設計プロセスも実にユニークで、まず職人とともに壁を立ち上げることから始めている。使った素材は外部も内部もデンマークの伝統的な黄色の煉瓦ブロックであった。そしてすべての

構造、ジョイントを視覚的に示すために、あえて柱と梁を黒く塗った。これは中国の建築構造の影響と思われる。内壁は煉瓦の上から白のペンキ塗装をほどこし、仕上げにはふんだんに木材を用いている。

　この住宅の面積は130㎡であった。これは法律によって制限された最小限のサイズである。120㎜の煉瓦ブロックが一つのモジュールとなり、住宅内部の各寸法を決定した。この手法はその後、他の住宅でも応用された。

　さて内部を見ると、ライトのユーソニアン住宅や日本建築の影響が見てとれる。竣工時は小さな寝室が二つ、リビング、ダイニング、キッチン、アトリエが一直線に並ぶ長方形のシンプルなプランであった。床から天井までフルスケールのガラス窓に、デンマークでは珍しく白いシルクのカーテンを取り付けたのは、ミースのファンズワース邸を意識してのことだろう。水まわりのキッチンとバスルームだけは最初から場所を固定し、それ以外はスライド式の間仕切りでフレキシブルに空間を区切ることができるオープンプランとし、それはデンマーク初の試みであった。床下暖房システムもデンマーク初で、これは中国の伝統住宅に見られるシステムの引用といってよいだろう。

　リビングの壁にはル・コルビュジエがデザインした大きなタペストリーが掛けられている。シドニー・オペラハウスのインテリアを依頼するためコンタクトをとったが、同時に1958年10月31日にウッツォンはコルビュジエ宛に次の手紙を書いている。「コペンハーゲンで展示されていた2枚のタペストリーの小さなものを購入したい[5]」と。コルビュジエは快諾し、タペストリーのほか、6枚のエナメルパネルとリトグラフのコピーを送っている。ウッツォンは翌年コルビュジエに会い、感謝の気持ちを伝えた。その後交わしたコルビュジエからの手紙には「私の絵に興味を持ってくれてとても嬉しく思う」と感謝が述べられている[6]。評価を受けることが少なかった芸術作品を、ウッツォンが認めてくれたのが嬉しかったに違いない。タペストリーの前にはアルヴァ・アアルトがデザインした椅子が置かれている。このようにウッツォンの自邸は、様々な建築家の作品や影響が混在し、住みながらそれらを試していたのである。後に家族の成長と増加に伴い、増改築が行われた。増築棟は母屋に平行し、中庭を挟んで建てられ、現在は長男ヤンの事務所兼住宅となっている。ヤンは父について次のように語った。「父はそこで暮らす人々のために生きている建物をつくりたかったのだ。それは決して記念碑的なものではなく内部の生活があってのもので、日常生活がベースとなっているのである[7]」。

MIDDELBOE HOUSE
1953–1955
ミッデルボー邸

Holte, Denmark / photo: p.158–160

　コペンハーゲン郊外の高級住宅地ホルテにある住宅。ウッツォンの初期の作品で、フラットルーフの水平線を強調した横長のデザインは自邸と同様だが、地面から浮いている姿は異なる。周囲の高級住宅と比べても異質な存在で、下駄をはいたような形態から通称「竹馬ハウス」とも呼ばれている。クライアントのスヴェン・ミッデルボーはウッツォンがデザインした照明のメーカー、ノルディスク・ソーラー社のマネージャーであった。彼の妻が敷地を見つけ、ウッツォンにアドバイスを求めたという。そして木に登ったウッツォンは湖を望む景色を見て、2階建てにすべきだと進言した。地面から浮遊する形態はミースのファンズワース邸を想起させるが、より高い位置にしたのは、湖の景観を望むにふさわしい高さを想定してのことであった。アクセスが不便な林の奥にあるため、ウッツォンは自邸建設時の反省を踏まえ、プレファブリケーションの工法を用いることにした。

　プレキャストコンクリートによる構造は、地面から宙に浮く力強さと軽快さを兼ね備えた新しいデザインを可能にした。地面から伸びた2本の柱が一組となり、内側の柱が床を支えてピロティを形成し、外側の柱はさらに屋根まで伸び、梁を支えている。ウッツォンは構造を意匠として捉え、構造体としての柱を黒、梁を赤に色分けして、その美しさを視覚的に示した。このカラースキームは中国の木造建築の仕組みを踏襲している。

　さて建物の外観を見てみよう。湖に面した東側は大きな羽目殺しのガラス窓の開口部を設け、自然と一体化させている。内部は光がさんさんと降り注ぐ透過性のある空間になっている。南側のテラスでは、外のすがすがしい空気に触れることができ、建物の西側はカラマツ材の壁で閉じている。ウッツォンによれば、西側にはスリット状の開口部を設け、「微妙に変化する自然の光の状況を克明に映し出す背景を寝室にデザインした[8]」と述べている。

　内部を見てみよう。ウッツォンの自邸との共通点は、長方形の細長い空間にコアとなるキッチンとバスルームを配置し、寝室、書斎以外は仕切りのないフレキシブルなオープンプランとしている点である。若いクライアント

夫妻には当時子供がいなかったため、ウッツォンの画期的な提案に応じたという。キッチンを中心としたオープンスペースこそ新しいモダンな暮らしだと考えていたウッツォンらしい提案である。調理準備のためのカウンターテーブルはスプーンのようなオーガニックな形で、目隠しにもなっている。しかしバスルームは最小限のスペースとし、バスタブは置かずシャワーのみとし、限られた面積と予算の中でクライアントの要望に対処した。

　インテリアの仕上げにはふんだんに木を用い、心休まる空間を実現させた。自邸とは一見異なる印象を持つが、同じ空気感が漂っている。何よりも大きなガラス面の向こう側に大自然が広がっている点が共通で、自然との一体感、懐に包まれた安心感を抱かせる住宅である。住宅内部に居ながら湖を一望でき、自然の中に居る感覚にとらわれる。自然との共生を実現させた理想的な住宅であった。

　クライアント夫妻はしばらくしてから子供ができたので、手狭になった住宅を手放すことにした。アバンギャルドな形態から、次の買い手はなかなか見つからなかったという。しかし現在暮らす医師の夫妻は一目で気に入ったとか。自分たちの暮らし合うよう、バスルームの面積を広げるなど最小限の改築を行ったが、なるべくオリジナルのデザインを尊重し、モダンな暮らしを続けている。現在、90歳を超えた夫と80歳を超えた妻は、仲睦まじく日当たりのよいリビングでお気に入りのチェアに腰掛け、湖と空を眺めながら余生をのんびり過ごしている。

地面から浮遊する形態

MOGENS LASSEN_VILLA MØLLER

左頁上 . 道路側から見たモーラー邸
左頁下 . 庭から見た外観
左上 . エントランスホール
左下 . リビング
右 . 書斎

MOGENS LASSEN_OWN HOUSE

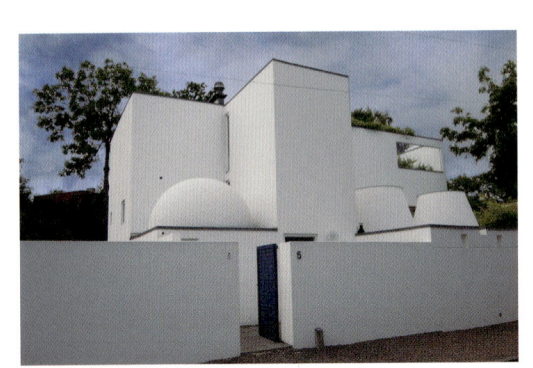

下.庭から見たラッセン自邸
左頁上.道路側から見た外観
左頁中.パティオ
左頁下.屋上庭園

上．地上階
下．地上階から見たアトリエ棟
右頁上．秘密の部屋
右頁下．リビング

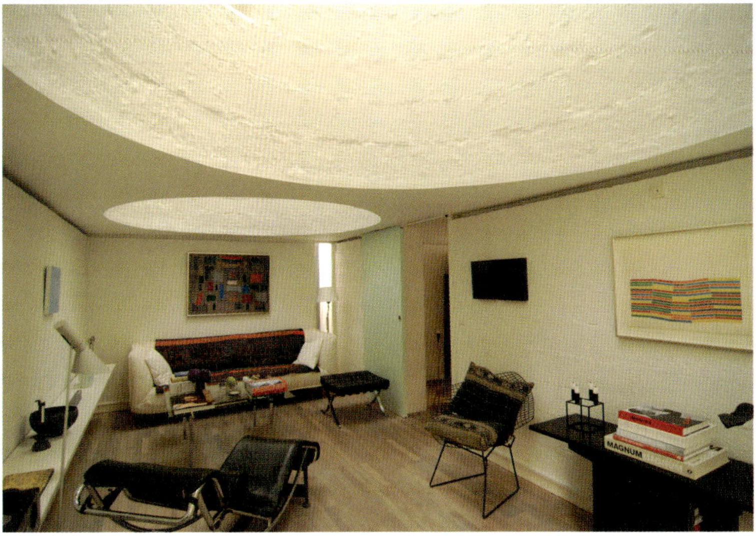
MAGNUM

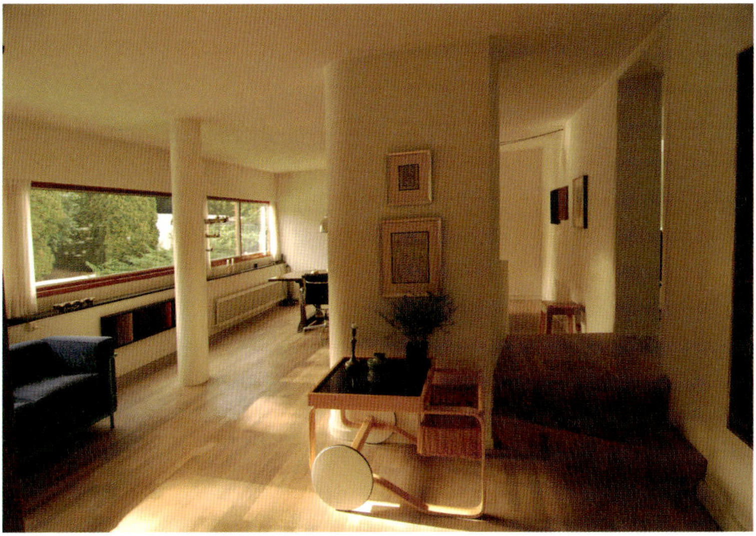

MOGENS LASSEN_JESPERSEN HOUSE

上.道路側から見たイェスパーセン邸
下.庭から見たパース図
右頁上.リビング
右頁中左.暖炉
右頁中右.寝室
右頁下左.キッチン
右頁下右.ダイニング

153

子供たちによる父ヨーン・ウッツォンと母リスの思い出

　ヨーン・ウッツォンの3人の子供による両親との思い出の回顧録である。
　成長した息子は二人とも建築家になり、娘は芸術家兼デザイナーになった。子供らはクリエイターとしてウッツォンの創造性や独創性を引き継ぎ、それぞれの分野で活躍中である。
　長男ヤンは1990年代よりアフリカなど途上国のプロジェクトに興味を持ち、1年の半分はそうした国々で過ごし、半分はヘルベックの自邸かロンドン、ニューヨークのホテルで過ごしている。彼が語る父ウッツォンは、中東、アフリカ、アジアのエスニックな音楽からインスピレーションを得ていたという[9]。晩年の父はあまり外には出たがらず、彼の代わりにクライアントとの打ち合わせに出席したり、名誉な賞をもらう場に出席したり、外に出る仕事を任された。父は自分の両親や兄弟ととても仲が良く、今まで喧嘩らしい喧嘩をしたことがないという。それは祖父のアドバイス「他人と言い争いをしてはいけない」という言いつけに従っていたからだ。
　次男キムは主にデンマーク国内の仕事に関わっている。彼はコペンハーゲンの王立芸術アカデミーを卒業後、1985年に自分の事務所を設立。翌年にウッツォン・アソシエーツの一員となり、家具のショールーム・パウスチャン(1987)、オールボーのウッツォン・センター(2008)を父とともに手掛けた。キムが語るには、一家のルールとしてクリスマスや誕生日のプレゼントは手作りと決まっており、今までプレゼントを購入したことがないそうだ[10]。そういう両親のこだわりから、3人の子供たちの創造性が豊かに育っていったのである。キムは6歳までヘルベックの自邸で育ち、その後家族みんなでオーストラリアに渡った。
　オーストラリアに渡る前、家族はマイアミに立ち寄り、カリブ海を航海した。そして白いジャガーに乗り、アメリカ大陸をドライブした。テキサスではカウボーイの衣装をまとって馬に乗った思い出があるという。海の好きな父は、家族とともにハワイ、タヒチ、フィジーにも訪れ、それらの経験をオペラハウスのデザインに採り入れていった。父の日課の散歩だけは、母や子供たちと出かけることはなく、一人になることを望んだ。自然の中に身を置き、そこからインスパイアされた自然の造形美などを設計に汲み入れていったのだろう。
　長女リンはセラミック、ガラス、テキスタイル、インテリア、プロダクトなど多岐にわたる分野で活躍中のアーティストである。リンにとってのターニングポイントはバウスヴェア教会(1976)のプロジェクトであった。父からの勧めで、教会のカーペット、カーテンなどをデザインし、他人が喜ぶものを創造する楽しさを知る。それを転機にアーティストとしての才能が開花するのである。自然との対話からデザインのインスピレーションを受け取る気質は父親譲りであった。波の動き、雲の動き、風の動きなど、自然の変化を五感で感じるために自然散策をするのも父親の影響だと述べている[11]。

パウスチャン　　　　　ウッツォン・センター　　　　　バウスヴェア教会

ここでリンが語る母リス・フェンガー（1919–2010）についてまとめてみよう[12]。当時は男性が外に出て、女性は内で家庭を守る保守的な時代であった。母は商業アーティストとしての教育を受けていたが、自分のやりたいことに情熱を傾けるタイプではなかった。だから父ウッツォンとうまくいったのだろうと、リンは回顧している。父は愛情を求め、家族の絆を大切にする人物であった。母リスは夫の描いたスケッチを図面に描きおこすなどして、商業アーティストとしての能力を捧げ、彼の仕事をサポートした。

　長男ヤンは母について次のように語っている[13]。よくピアノを弾き、他人の言葉に対しても聴く耳を持っていた。子供の愚かな質問に対しても真摯に答え、彼らも母親のアドバイスに従おうとした。いつも3人の子供たちを対等に扱っていた。成長してからはヒューマニズムの精神、許容する心、憐みの心を母から学んだ。一人の人間としても素晴らしい女性であった。古い諺に「偉大なる者の背後には、偉大なる女性がいる」とあるが、まさに自分の両親のことを言い得ており、父の仕事は母のサポートなしには成り立たなかったと述べている。

若い頃のふたり（1970年頃）

ヨット好きなふたり（1985年頃）

家族の写真、左からヤン、キム、リン、リス、ヨーン・ウッツォン（2002）

JØRN UTZON_OWN HOUSE

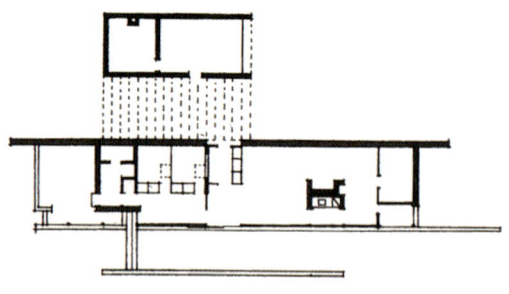

上.庭から見たウッツォン自邸
左.平面図
右.可動式間仕切り
右頁上.ル・コルビュジエがデザインしたタペストリーの掛かるリビング
右頁下.コアになっているキッチン

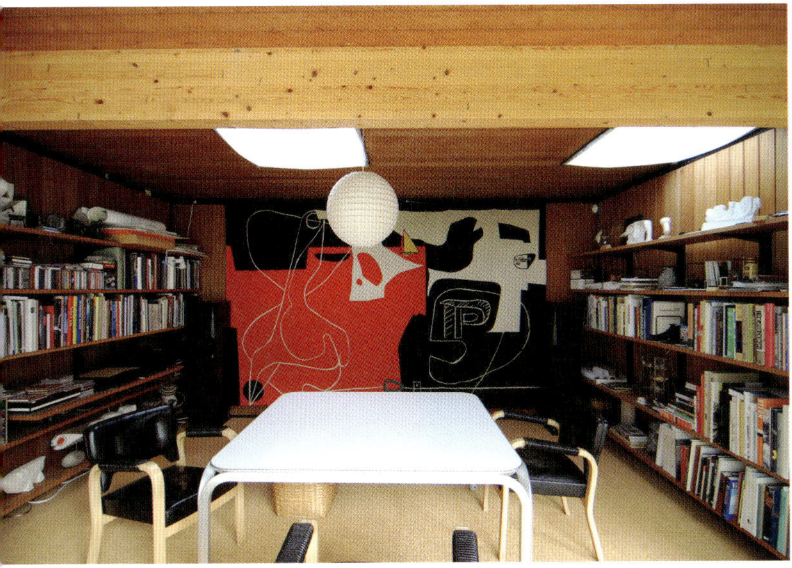

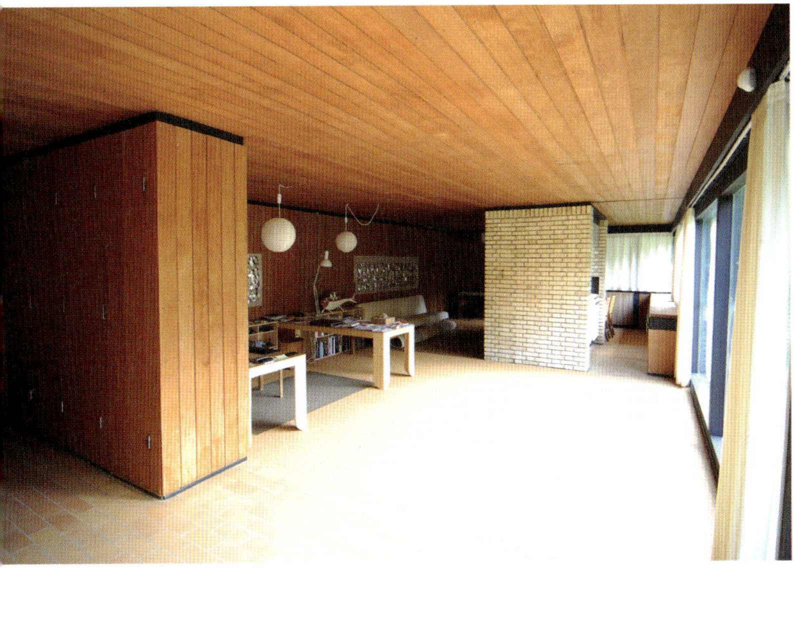

JØRN UTZON_MIDDELBOE HOUSE

上．庭から見たミッデルボー邸
右頁上．内部から湖を眺める
右頁中．キッチン
右頁下．テラス

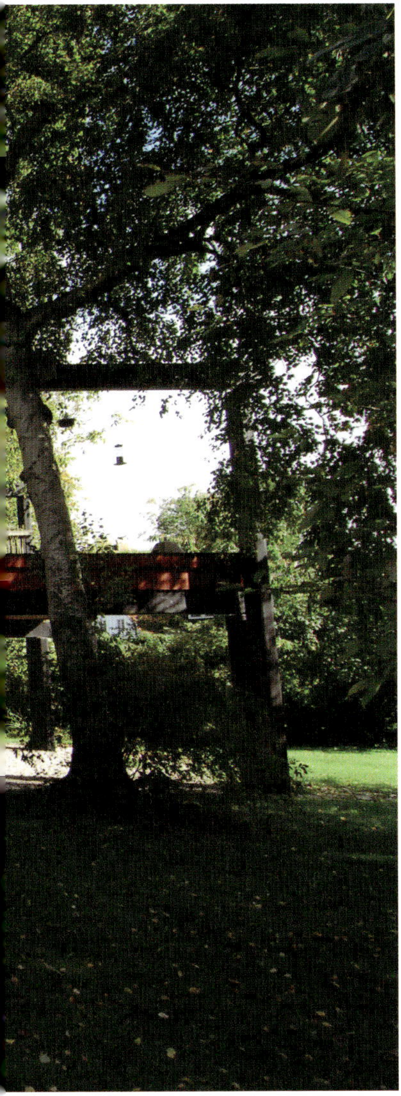

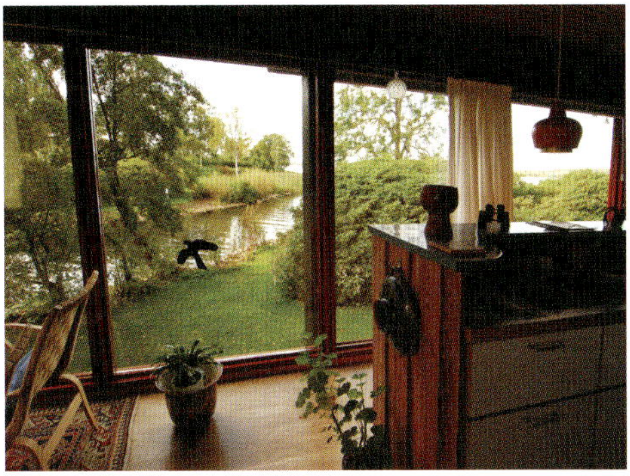

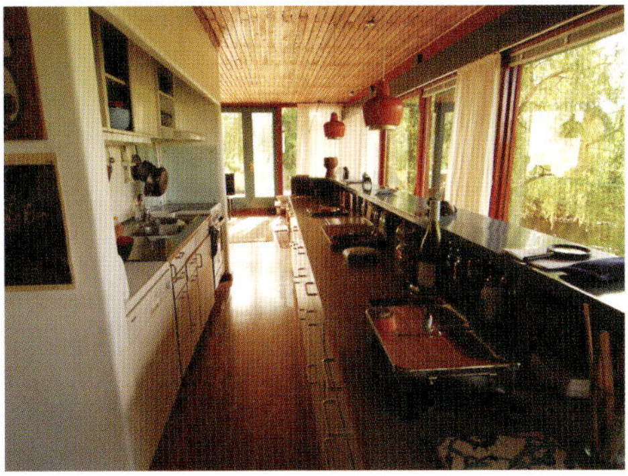

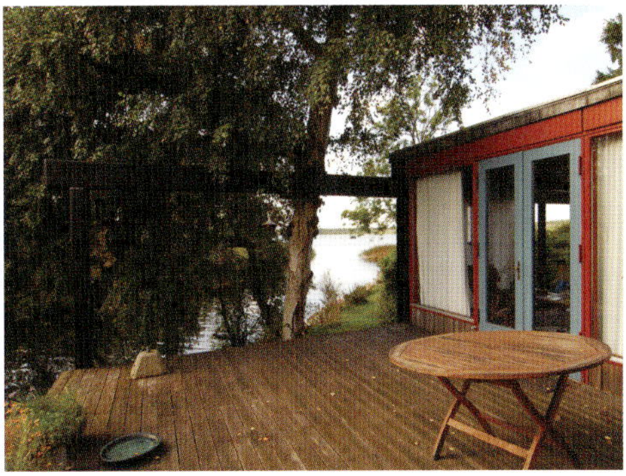

上．ダイニングとキッチン
下左．小さなエントランス
下右．小さな暖炉

6

ARNE KORSMO

VILLA DAMMANN

VILLA STENERSEN

OWN HOUSE

NORWAY

ARNE KORSMO
1900−1968
アルネ・コルスモ

「クオリティ・オブ・ライフ」を生涯のテーマにした建築家。戦前戦後のノルウェー建築界を牽引したモダニストである。「見て学べ」と実践型の指導をしていた。常にノルウェーの豊かな自然環境を賛美し、日常生活に喜びをもたらす空間づくりを目指した。

モダニズム建築の洗礼

コルスモは植物学者の父から生物を学び、自然の論理や植物の構造などに詳しくなった。成長したコルスモは建築家を目指し、首都オスロからトロンハイムにあるノルウェー工科大学に入学する。当時北欧で流行していた新古典主義を学び、1926年卒業後はオスロに戻り、ブルン&エレフセンの事務所でヨーロッパの潮流となっていたモダニズム建築の洗礼を受ける。エレフセンはヨーロッパのモダニズム建築についてノルウェー語で初めて書かれた書籍『近代建築とは何か?』を1927年に出版し、注目を集めていた人物である。コルスモは彼の影響を受け、自分の目でモダニズム建築を確かめたいと思い、1928年から29年にかけてヨーロッパに渡った。その時の印象を次のように語っている。「自分はまるで小さな子供が写真の本をめくるように、すべての新しい景色に感動し、喜びに溢れた。しかし自分の目はしっかりと識別していた。興味のないものは心に残らなかったし、見棄てていた。自分の心を捉えたのは、モダニズム建築のミニマリズムであった[1]」。住宅に関心のあったコルスモはドイツ・シュツットガルトのワイゼンホフの集合住宅に強い衝撃を受けたようである。特にエリック・メンデルゾーン、ル・コルビュジエらの住宅建築に感銘を受け、ヘリット・トーマス・リートフェルトのシュレーダー邸は印象深いものとなった。

建築家として順調な出発

プライベートでは1928年にオーセ・シースと結婚。ヨーロッパ旅行から帰国後の1929年、スヴェレ・アースランドとともに事務所を立ち上げる。アー

スランドはドイツ・ミュンヘンで建築の教育を受け、特に煉瓦の技術に長けていた。コルスモは生涯にわたり多くの個人住宅を設計しているが、代表作の多くがアースランドと共同設計した初期に建てられたものである。

　幸いなことに事務所設立後、すぐに仕事が舞い込み、協働作業は忙しくスタートした。1階は煉瓦積み、2階は木造の混構造の個人住宅がほとんどであった。ふたりの建築のスタイルは異なっていたので、協働作業といってもどちらが主担当なのかはその外観を見ればおのずとわかる。例えばオスロのハヴナ通りでは道路を挟んで右側と左側に建つ住宅はスタイルが異なっている。コルスモはその一角にあるNo12に妻の父と二世帯住宅で暮らしていた[2]。

新しいパートナー

　アースランドとのコラボレーションは1935年まで続き、次のパートナー、グレタ・プリッツ・キッテルセンとの出会いによって、その後は住宅よりも家具とインテリアに重きを置くようになった。彼女とは1936年勤務先のオスロの国立応用芸術大学（後のオスロ建築大学）で知りあう。当時彼女は学生であったが、後に2番目の妻となり、公私にわたるコルスモのパートナーとなった。

　コルスモは1938年に「vi kan!（We can do it!）」という博覧会の会場デザインを手掛けている。これはオスロの手工芸組織の100周年記念事業という大きなイベントであった。1934年にコンペがあり、33の応募の中からコルスモとクヌト・クヌトセンらが組んだチームの案が優勝している。

　1930年代に「フンキス」（機能主義者）として華やいだ業績を残したコルスモであるが、1940年にノルウェーがドイツ軍に占領されると仕事も減り、1944年にグレタとスウェーデンに渡っている。

戦後の潜伏期間

　戦前に活躍していたモダニストたちは、戦後すっかり影を潜めるようになり、コルスモとクヌトセンがノルウェー建築界を牽引するリーダーとして頭角を現すが、その後ふたりは対照的な道を歩いている。クヌトセンはオーガニックなフォルムとノルウェーの伝統様式に根づいたヴァナキュラーな建築を目指し、戦後のノルウェー建築界で活躍した。一方、戦前と変わらずインターナショナルスタイルを追求し続けたコルスモの建築思想は、次第に戦後のノルウェーの建築事情にそぐわないとみなされ、第一線から退くようになった。

コルスモが戦後に手掛けた住宅では、日本の影響が随所に見てとれる。スウェーデン滞在中に、コルスモはヨーン・ウッツォンとともにストックホルムの国立民族博物館に建設された茶室・瑞暉亭(p.57)を訪れ、周辺環境と見事に調和した建築に深く感銘を受けている。コルスモは1940年後半よりウッツォンに誘われ、コンペに共同応募するようになる。例えば1947年オスロ中央駅のコンペ、1948年ヨーテボリのビジネススクール、1949年オスロのヴェトルヴィッカ計画などである。しかし最終的にどれも実現に至っていない。ウッツォンとのコラボレーションは1949年に終わり、コルスモ夫妻はフルブライト奨学金を得て、アメリカへ渡った。

アメリカでの出会い

　常に国外に目を向けていたコルスモはアメリカで人脈を広げていった。ミース・ファン・デル・ローエ、チャールズ＆レイ・イームズ、フランク・ロイド・ライト、ワルター・グロピウスらと交流を持ち、同じ頃北欧から来ていたウッツォンやスヴェレ・フェーンともさらなる親交を深めた。ライトのタリアセンやロビー邸、カリフォルニアのイームズ邸、ミースのIITキャンパスや完成したばかりのファンズワース邸を訪れ、とても興奮していたが、リチャード・ノイトラやエリエール・サーリネンについては批判的であった[3]。

　そしてノルウェー人建築評論家のクリスチャン・ノルベルグ・シュルツとの出会いは、コルスモに新たな転機をもたらすことになった。シュルツはコルスモと同様いち早くノルウェー国外へ目を向け、国際的なネットワークを築き上げていた。シュルツを通じ近代建築のパイオニアとして知られるジークフリード・ギーディオンを紹介され、「ノルウェーでCIAMの独立組織を作るべきだ」と提案される。シュルツがアイデアを出し、PAGON (Progressive Arkitekters Gruppe Oslo Norge) を設立し、コルスモはその代表となり、フェーン、ウッツォンらをメンバーに加えた。

　ウッツォンが語るコルスモとの思い出を一つ紹介しよう。コルスモ夫妻は常に多くの友人に囲まれ、芸術家とも親交があり、自然を愛していた。あるとき、大自然に囲まれた地で休日をともに過ごしていたところ、ドアをノックする音がして、見知らぬ男が立っていた。ガチョウ狩りのライセンスの訪問販売であった。いつも穏やかなコルスモが「お前は鳥を殺す権利を売る資格があるのか？　出ていきなさい」と大声で叫んだという。自然や生物を愛する心優しいコルスモの性格が表れているエピソードである[4]。

ノルウェーでの新たな挑戦

　帰国後、彼は自分の目指す建築コンセプトを実現させようと試みた。それがオスロのプラネットヴァイエンに設計した三つの住宅であり、その一つを自邸（1955、p.169 / 184）としている。クリスチャン・ノルベルグ・シュルツとの共同設計で、シュルツもその一つを自邸としている。これはアメリカで出会ったイームズの自邸を彷彿とさせる住宅であった。「夫婦はともにデザイナー」という共通点から、彼らの生き方に強くインスパイアされたのであろう。その一方で、尊敬するミースへの敬意を示し、鉄とガラスでできた建築をノルウェーで初めて実現させたい、という新たな挑戦でもあった。

　敷地はオスロ北西部の丘陵地で、魅力的な住宅地として人気の場所であった。PAGONのミーティングはいつもコルスモの自邸で行われ、1956年まで続いた。妻グレタとの協働は1954年のミラノ・トリエンナーレでグランプリを獲得するなど、着実に実を結んでいった。

トロンハイムでの晩年

　コルスモは1956年母校のノルウェー工科大学で建築を教えることになり、オスロを去り、トロンハイムに住居を移す。オスロに残った妻グレタとは1960年に離婚している。その年、コルスモは60歳を迎え、長年の夢であった日本に滞在した。そして日本建築を実際に目にして以来、自然との調和により一層重きを置くようになっていった。

　トロンハイムでは、3番目の妻ハンネ・ラフスダルに出会う。彼女は二人の娘を持つ若手建築家で、ふたりは1965年に結婚した。

　彼は晩年、大学教員として後継者を育てることに力を注いだ。若い学生と過ごすことを好み、一貫して「新しい住居のスタイル」を模索し続けた。「周囲の環境をよく見なさい。そこから何か言葉が見つかるでしょう」と、観察すること、言葉で表現する重要性を説いた。そして言葉を大切にするコルスモにとって「詩」と「建築」は同意語でもあった。建築は何かの要素の集積ではなく、何かが我々に語りかけてくるものだと考えていた。その何かとは「人の心に喜びや刺激を与えるもの」で、「建築家は詩をつくるように建築を建てるべきだ」と述べている[5]。

　コルスモの死は突然だった。1968年ペルーで国際会議があり、そこに前妻グレタと同席していた。彼はインカ帝国の巨大遺跡に夢をはせていたが、念願のマチュピチュを訪れた後、長年の病気がたたり、出張先のペルーで亡くなっている。1968年8月29日のことであった。

VILLA DAMMANN
1930–1932
ダンマン邸

Oslo, Norway / photo: p.178–179

　アルネ・コルスモとスヴェレ・アースランドが共同設計した住宅である。クライアントは事業家のアクセル・ダンマンであった。コルスモとアースランドはそれ以前にリルフローエンに住宅群を設計しているが、それより規模が大きい住宅をオスロのハヴナ通りに15戸を建てることになった。それぞれバリエーションを持ち、トータルで調和のとれた住宅地にすることが彼らに課せられた使命であった。その結果、コルビュジエ風の白いコンクリート造の住宅やユニークな形態のモダンな住宅が建ち並ぶ魅力的な住宅地となった。その中でもダンマン邸はハヴナ通りの突き当りに位置し、「コルスモブルー」と呼ばれる青い色が一際目立っている。

　さてその外観を見てみよう。キューブ状の建物に半円状のヴォリュームが付加した幾何学的な形状である。その組み合わせは住宅全体に緊張感を与え、ダイナミズムの表現を際立たせている。この住宅は新古典主義に根ざしているが、部分的にドイツ表現主義の影響も見てとれる。設計が始まった1930年は、ル・コルビュジエのサヴォア邸、ミースのチューゲンハット邸はまだ建設途中で、コルスモに直接的な影響を与えたわけではない。むしろメンデルゾーンの手法を参照し、リートフェルトのコンポジションの思想を彼なりに解釈して活用しているのである。

　一見して奇抜なデザインに思えるが、実は人間の生活と場所との関係に深く根ざしたデザインであった。「新しいデザイン」ではなく、「新しい解釈」といってよいだろう。例えば背の高い塔はエントランスで、そこに至るまでパーゴラを用い、自然環境と内部空間をうまく流動的につなげている。初期のモダニズム住宅といえば、「内から外へ」デザインされた建築が多いが、このダンマン邸は「外から内へ」向けられてデザインされている。

　クライアントは美術コレクターでもあり、作品の展示を考慮しなければならなかったので、コルスモは特に内部への光の採り入れ方にこだわった。美術品を展示する南西の部屋の壁には天井付近に高窓を設け、そこから自然光を取り入れることにした。それ以外の部屋は、太陽の動きに合わせ、窓の位

置を決めている。その後ダンマン邸で暮らしたスヴェレ・フェーンは「家全体が巨大な日時計のように機能し、太陽の光が空間構成を活気づける」と述べている[6]。

　南のテラスに向かって突出した半円形のボリュームは書斎である。庭の眺めが一番よい。ここは最も開放的なスペースである。

　このように、高低、開閉、大小といった対比から生じる緊張感を大切にしながら、空間構成に多様性を与えている。色の使い方もよく検討され、「コルスモブルー」と呼ばれる青色は詩的な雰囲気をつくりだした。

　スヴェレ・フェーンはダンマン邸が完成した時、わずか8歳であった。それから14年後1946年にフェーンは国立応用芸術大学でコルスモに出会い、師事する。1955年にコルスモとフェーンは共にコルビュジエのナントの集合住宅を訪れた。帰りの電車の話題は、コルビュジエの集合住宅ではなく、アメリカ滞在中に訪れたイームズ自邸の話や、プラネットヴァイエンに建設中の自邸の話だったそうだ。戦後のコルスモはアメリカの自由な空気に触れ、新しいモダンライフに合う新しい住宅デザインに関心があったようだ。

　フェーンが念願のダンマン邸を手に入れたのは1986年である。しばらく使われていなかったので、家の中は荒れていたという。「ダンマン邸はとても美しい邸宅であると常日頃から思っており、過去に何度も訪れ、憧憬を抱いていた[7]」と振り返っている。実際に住んだ後も予想を裏切らず、フェーンの家族のライフスタイルにマッチした。フェーンはオリジナルの色に復元することを試みた。色の復元によって光の織り成す空間構成を蘇らせ、素材との対比がこの住宅の真の解釈につながると思ったからだ。そしてわかったことは、冬の季節感の表現である。南面の黒い外壁と白い線のコントラストは、暗い冬空と雪の色の対比を表現していた。冬の光によって蘇ったという。フェーンはオリジナルに戻すことによって、コルスモの建築意図を自分なりに再解釈し、当時のいきいきとした建物の鼓動のようなものを感じたという。そして「近代建築の5原則」の要素である「自由な平面」を体験し、建築的経験を高めることができたと述べている[8]。フェーンは生涯にわたり自邸を設計することはなかった。おそらくダンマン邸は、これ以上ない彼の理想の住宅だったのであろう。

VILLA STENERSEN
1937–1939
ステーネーセン邸

Oslo, Norway / photo: p.180–183

　瀟洒な住宅のクライアント、ロルフ・ステーネーセンは金融ブローカーであり美術蒐集家でもあった。当初から住宅内部に美術品を展示することを想定し、コルスモに設計を依頼した。竣工当初、アバンギャルドな住宅としてノルウェー国内で注目された。この住宅は、ル・コルビュジエ、バウハウス、デ・スティル等の影響を受けたインターナショナルスタイルの近代建築である。明るい未来に向かうモダニストたちの理想は、新技術による工業製品を建材として利用することであり、コルスモは当時としては画期的なガラスブロックをファサードに用いた。「コルスモブルー」と呼ばれる青色の壁面とガラスブロックの組み合わせは今見ても新鮮である。

　またモダンライフのアイコンともいえる自動車を住宅のプランに組み入れ、駐車場に誘導するデザインを試みている。これはコルビュジエのサヴォア邸を参照したものと思われる。また社交的なクライアントのために1階にガーデンルームと呼ばれる部屋を設け、外に開閉可能なパーティスペースとした。そこでは幾度となく華やかなダンスパーティが行われた。

　リビングは生活空間としての機能よりもアートギャラリーとしての機能が優先された。当初、リビングにはノルウェーの画家エドワード・ムンクの絵画が展示されていた。作品に直射日光を当てずに、空間全体を柔らかな光に包まれたギャラリーにするため、ガラスブロックを壁一面に取り付けたのである。そしてそれぞれの居室を縦につなぐ階段室では、採光のために天井に無数の穴をあけ、そこから自然光がシャワーのように降り注ぐようになっている。このようにコルスモは光の取り入れ方にこだわった。

　住宅内部のコンセプトカラーは緑色と黄色であった。主寝室に隣接したバスルームだけはオリジナルのまま保存されている。しかしそれ以外は1970年代に変更が加えられ、色彩も家具もほとんどがオリジナルとは異なる。

　ステーネーセン邸は1974年にノルウェー政府に寄贈され、首相や政府の要人の住まいとして利用された。その後2000年よりノルウェーデザイン建築財団が維持管理を任され、現在はミュージアムとして一般に公開されている。

OWN HOUSE
1952–1955
コルスモ自邸

Oslo, Norway / photo: p.184–187

　1949年に渡米したコルスモ夫妻はイームズの自邸やミースのガラスの建築に強い衝撃を受ける。帰国後設計された自邸はその影響が顕著に見られる。自邸は三つの隣接した住居の一つで、その三つはどれも鉄骨フレームを用いたモジュール構造である。この構造は平面と立面に自由度を与え、新しいモダンな暮らしを可能とし、コルスモは自ら実践した。

　コルスモは1950年代より「メカノ住宅」というコンセプトを定義している。それは「組立住宅のセット」と訳せばよいだろう。家族のニーズに合わせて、部屋のレイアウトやファサードの変更がいつでも可能なシステムである。そこで暮らす個人、家族、環境が押さえつけられず自由になれる仕組みが考案されていた。「人間は常にクリエイティブに行動すべきである」というコルスモの思想を実現したものである。妻のグレタも日常生活に喜びを与えることを常に考えていた。例えばテーブルセッティングに必ず自然の花を活け、彩りを添えた。彼らの目指した自然と対話のある暮らしがそこでは日常的に営まれていた。

　もう一つ「働く家」というコンセプトも定義している。つまり労働と家庭生活が同時に住居内で成立する仕組みである。戦後のノルウェーは住宅は80㎡までと定められ、フラットルーフは禁止されていた。しかしこの自邸がその法律をクリアできたのは、住宅に働く場を組み合わせたからである。コルスモは「古い職人はすでに実践しているが、自分とグレタは働く場と生活の場の同時性を自邸で実験している」と述べている[9]。グレタは父が経営するトーストラップという銀の会社でデザイナーをしていた。彼女専用の仕事場は地下に設け、1階のキッチンは夫婦共同の仕事場とした。キッチンは調理の場だけでなく、デザイナーとしての仕事場も兼ねていた。金属や木の切断、研磨加工ができるアメリカ製のマシン「SHOP-Smith」が置かれ、彼らはそれぞれ利用した。離婚後もグレタはこの住宅に住み続け「働く家」のコンセプトを亡くなるまで実践し続けている。

　この住宅は自然に様々なアクティビティが繰り広げられることを想定して

設計された。特にリビングルームはコルスモの予想を上回る満足のいく空間となった。建築資材の調和が多種多様なアクティビティを促したのである。

　木のテーブル、カラフルなファブリックのソファ、籐の椅子、煉瓦の床、暖炉、木の天井など、様々なテクスチャーが交りあい、調和のとれた空間を構築している。木材だけでもマホガニー、チーク、オレゴン産の松など多様なものが用いられている。60×60×8cmのクッションは全部で100個設けられ、カラフルな色のバリエーションを持ち、積み重ね方次第でフレキシブルに対応できた。リビングはエントランスのレベルより60cm低く設定され、内部の暖炉もさらに低く設定されており、クッションがゆるやかにレベル差を補っているのである。

　柱のない構造も、空間での多様なアクティビティを可能にした。壁に備え付けられた黒板を使って、レクチャーやミーティングが頻繁に行われ、PAGONのメンバーもここに集まった。黒板の裏側は本棚になっている。2階へ通じる階段は収納可能で、時にはギャラリースペースとして展覧会が行われ、時にはシアターとして映画上映会が行われることもあった。このようにリビングルームはセミパブリックスペースとして位置づけられたのである。コルスモは、光、空間、色、形態、素材などのクオリティを整え、建築全体をベストなものに構成した。

　他の二つの住宅ではこのようなオープンスペースはなく、12フィートのスパンで規則正しく柱を飛ばしている。自邸ではそのルールを無視し、最もエキサイティングで、最も構造の脆い住宅ができあがった。その実現にかかった費用は、シュルツ邸の5倍だったという。シュルツ邸はコルスモ自邸の隣に建設された。共同設計者であり、建築理論家でもあるシュルツは、この住宅の歴史的位置づけを次のように述べている。「コルスモは当時アバンギャルドな建築家と思われていた。しかし彼の住居や建築に対する考え方は、次の世代にとって重要な意味を持つようになった。自邸は教育にも用いられ、ここに友達、生徒、同僚が集まり、実際に空間を体験しながら学ぶことができた。住宅の改良はここでのディベートの中心となった。この家はコルスモの建築理論と実践のマニフェストなのである[10]」と。

7

SVERRE FEHN

VILLA SCHREINER

NORWAY

SVERRE FEHN
1924-2009
スヴェレ・フェーン

　スヴェレ・フェーンは生涯にわたり多くの住宅を手がけているが、1986年に長年の夢であったアルネ・コルスモ設計のダンマン邸（1932、p.166 / 178）を手に入れると、自邸を設計することなくそこで暮らした。過去を敬うフェーンらしい。彼は建築家を自慢の家に招いてはその素晴らしさを体験してもらおうと試みた。「美しい黒白のタイル張りの壁、金属のエントランスの扉、薄いコンクリートのアーケードなど、すばらしいディテールの数々であった[1]」と、実際に訪れた建築家スティーブン・ホールはダンマン邸について語っている。

先輩建築家たちとの出会い
　ノルウェーのコングスベルに生まれたフェーンは、8歳の時、警察官の父親の仕事の関係でトーンスベルに移っている。一人っ子の彼は父が継がなかった祖父の農場を継ぐため、短い間ではあるが農業学校に進んでいる。しかし第二次世界大戦後オスロ国立応用芸術大学へ入学し、建築家を目指した。そこでクヌト・クヌトセンとアルネ・コルスモらに師事している。

　卒業後、オスロ市の建築計画の部署で働いていたが、週末を使ってガイア・グルングと一緒にコンペに参加し、オスロの老人ホーム（1955）などを手がけている。またデンマークのヨーン・ウッツォンと共同でコンペに参加したこともあった。ふたりを引き合わせたのは恩師アルネ・コルスモで、最初の出会いはストックホルムの国立民族博物館の茶室・瑞暉亭（p.57）であった。フェーンが結婚したのは1952年。妻イングリッド・ロベール・ペッターセンはピアニストであった。ふたりはヴァッサー島にある夏の別荘を購入した。質素ではあるが、この白い小さな家には中央に暖炉があり、夏になるとウッツォンら親しい友人を招いている。

ジャン・プルーヴェに学ぶ
　フェーンはコルスモの勧めもあって、常に国外へ目を向けていた。1949年、コルスモの導きによりCIAMの会議に参加する。1953年のCIAMの会議では

フェーンとウッツォンはチームを組み、オスロ郊外の住宅計画をプレゼンした。最初のパートナーであるグルングとウッツォンは模型づくりに専念し、フェーンは図面を描いた。ウッツォンはより構造的なものにこだわり、フェーンはコンテクストや物語性にこだわった[2]。

そのプランがジャン・プルーヴェの目に留まり、1953年から2年間フランス留学の奨学金を得て、プルーヴェの事務所で働く。フランス・ナンシーの自邸の設計に参加し、フェーンはプルーヴェの技術的なアプローチ、構造に関する独自の手法、素材の持つ可能性などを学び、プルーヴェを「素材の詩人」と名づけた。それは建築が構築されることによって生み出される物語性を感じてのことであった[3]。ちょうど妻イングリッドもピアニストとしてパリから招聘され、ふたり揃っての渡仏であった。

1952年から53年にかけて旅したモロッコでの経験も、その後の彼の仕事の礎となった。砂漠、オアシス、移動する人々、照りつける太陽、ラクダ、ロバ。異国で見たものはフェーンにとって生涯忘れられない風景となった。そこで出会ったプリミティブな建築は、「時間を超えた空間」を気づかせてくれ、彼の作風はより詩的な色合いを強めていくことになる。その後1987年にもオスロ建築大学の学生とモロッコを再訪している。

住宅建築の手法

帰国後フェーンは、当時ヨーロッパで最先端だった建築技術や材料に関する知見をノルウェー国内においても広めようと自分の事務所を開設する。ヨーロッパで触れた文学、絵画、彫刻、音楽などの芸術も、彼の設計活動に大きな影響を与えた。

フェーンは1958年のブリュッセル万博のノルウェー館、1962年のヴェネチア・ビエンナーレの北欧館で、国際的にその名が知られるようになる。その作風はコルビュジエやプルーヴェの影響を強く受けていた。しかしその後は、よりノルウェーの伝統文化や風土に合った、自然と調和したものへと移行していく。個人住宅を見ていくと、シュライナー邸（1963、p.176 / 190）、ブスク邸（1990）は完成直後から優れた住宅として高く評価されている。どの住宅もクライアントとの親密な個人的関係によってつくりだされており、ニュートラルなものはない。特に水まわりと火まわりを重要視し、設計段階で計画的に場所が決められた。火は夜の光のシンボルであり、安全かつ温かみがなければならない。暖炉は壁に属し、そのエリアは休息の場となった。水はすべての生活の基本となるものである。キッチンとバ

スルームは中央に配置された。

　フェーンが手掛けた住宅のうち、シュライナー邸、ノルチェピング邸（1964）は、「眺望が空間を定め、空間が光を定め、光が構造を定め、構造が素材を定め、素材が大きさを定め、大きさがジョイントを定め、ジョイントが技術を定める」という連鎖反応のシステムをつくりだした。これは「アクロスティックな建築構造的手法[4]」ともいうべきもので、数行にわたる詩の各行の初めの文字を取ってその順に並べると意味のある言葉になる、一種の「言葉遊び」を意味する。言葉を操るのが詩人であれば、空間を操るのが建築家である。詩人であり建築家であるフェーンは、それらを組み合わせるのを得意とした。

家族との休日

　どんなに忙しくても、事務所の所員は5人を超えることはなかった。ダンマン邸を自邸兼事務所とし、妻イングリッドも一人息子グイも仕事には理解を示した。

　特に妻はヴァッサーにある夏の別荘で誰にも邪魔されず家族だけで過ごす時間を大切にした。忙しすぎる夫には休息が必要だったからである。この夏の別荘にはジュエリーボックスのように大切な思い出が詰まっているという。別荘でほぼ30年間、続けたことが三つある。朝食前のスイミング、息子とのカヤック、海辺での水彩画のスケッチである。フェーンはいつも一人で自転車に乗って出かけた。ある夏の日、いつものように青い海を背景に、水平線とそこに浮かぶ白と赤茶色のヨットを描いていた。すると突然、水平線を捉えたような感覚に陥ったという。それ以来、彼は水平線を描くことをやめてしまい、その代わり水平線からインスピレーションを受けた建築が、その後のメインテーマに変わった。彼は休暇に限らず常時スケッチブックを携えていた。飛行機に乗る時はいつも窓際の席を選び、雲を眺めてはスケッチをしていた。ところがその別荘も1980年代後半には、赤い小さな小屋だけを残して手放し、2007年には売却されている。

　フェーンはいつも妻と一緒だった。仕事の上でも家庭的でも良きパートナーで、海外出張にも必ず妻を同伴していた。フェーンは自分の展覧会のオープニングパーティに出席するよりも、1枚でも多く建築図面を描く方を重視し、断るケースが多かった。しかし2001年にウィーンで行われた展覧会のオープニングには妻と出席している。なぜならピアニストのイングリッドは、ウィーン・フィルハーモニーの生演奏を聴くことが長年の夢だったからである。愛妻家のフェーンらしいエピソードである。

新しい伝統を生みだす

　フェーンは1971年から1995年まで母校のオスロ建築大学で教鞭をとり、後継者の育成に貢献した。国外の大学からオファーがあっても、妻は「私たちはどんなに仕事が少なくなっても、ここから動きません」と言って反対した[5]。なぜならノルウェーから離れることは、彼の建築理念であるノルウェーの自然、文化の相互関係から遠ざかることを意味していたからである。ただしニューヨークのクーパーユニオンだけは例外で、親友だった建築家ジョン・ヘイダックに頼まれ、そこで客員教授を務めた。アメリカではルイス・カーンとも交友関係を結び、彼からも大きな影響を受けた。フェーンは晩年ますます物語的な表現が多くなり、建築評論家のコーリン・ロウはフェーンの作品を「建築の読み物」と呼んでいる[6]。

　フェーンの友人であり評論家であるクリスチャン・ノルベルグ・シュルツは、「新しい伝統[7]に貢献した建築家である」と述べている[8]。それはつまり、北欧の伝統から逃げようと手を尽くしたが、結局のところ北欧の伝統に回帰し、「新しい伝統」を育むことにつながったことを意味している。北欧特有の光と影、自然の地形などの文脈を読み解いた建築が詩的な空間をつくりだし、「新しい伝統」となったのである。「過去との対話に参加するには、現在を構築しなければならない[9]」と語っていたフェーン。自身の感性に頼りながら独創的な建築空間を追求し続けた。

　フェーンは晩年、ハマールのヘドマルク博物館（1979）、氷河博物館（1991）などのミュージアム建築が世界的に高い評価を受け、1997年にプリツカー賞を受賞している。2008年には元銀行を改修したノルウェー建築博物館がオープンし、フェーンの大回顧展が行われた。それが遺作となり、2009年惜しまれつつこの世を去っている。

ヘドマルク博物館　　　　　　　　　　ノルウェー建築博物館

VILLA SCHREINER
1959–1963
シュライナー邸

Oslo, Norway / photo: p.190–192

　シュライナー邸は自然の中にそっと溶け込んでいる印象を持つ、ヒューマンスケールの建築である。住宅内部と庭が連続可能で、引き戸を開け放つとノルウェーの四季をダイレクトに楽しむことができる。
　この住宅はペア＆ベリット・シュライナーために設計された平屋建ての住宅で、1mモジュールでつくられている。シンプルな柱梁構造で、通りに面したメインエントランスと駐車場は閉じている印象だが、庭側は開いている。松でできた合板を外壁に用い、自然と一体化させている。
　内部は120㎡のプランで、キッチンとバスを中央に配置したコアシステムである。それら水まわりを煉瓦ブロックで囲い、高さを3.66mとした。それ以外は2.4mの高さにしている。つまりコア部分の天井は高く、外から見るとそこだけは煙突のように突き出ており、コアから太陽光が入る仕組みになっている。これはトップライトのコアを持つ住宅といえる。この形態はジャン・プルーヴェからインスパイアされたものである。またフェーンにとって水まわりは配置を決める重要な要素であり、この住宅でも優先的に決められた。そして北欧では暖炉の位置がリビングの中心となるが、フェーンも同じように暖炉を煉瓦で囲い、重要性を示した。
　平面構成を見ると、コアを中心に寝室などのプライベートスペースと、リビングなどのコモンスペースが分かれて配置されている。家具はすべてフェーンがデザインしたもので、部屋に合わせて備え付けられ、全体に統一感を与えている。
　この住宅の大きな特徴は、庭に向かって外に開いている点である。大きなガラスの引き戸を用い、自然と一体感を持たせることに成功している。庭は西側にあり、自然の草木が生い茂り、ノルウェーの四季を楽しむことができる。引き戸の特徴はコーナーまで全開できる仕組みとし、フレームのない戸が用いられている点である。これはまったく新しい試みであった。引き戸を全開することによって、花開く春の風景、夏の白夜、短い秋の紅葉、冬の雪景色など、四季折々の自然をダイレクトに享受することが可能となった。引

き戸の外側は縁側的スペースとし日本的要素を導入している。

　フェーンは「身体で感じる五感に敏感であれ」と言い、人間の身体性にこだわり続けた。そして素材や自然が語る言葉に耳を傾ける人物であった。彼の建築は、コンクリート、石、ガラス、木など、素材が素材であることを語っている。だから彼のつくりだす空間は詩的で、感覚的なのである。フェーンは生涯にわたり、水平線と光にもこだわり続けた。この住宅でも自然光の取り入れ方に細心の注意を払っている点は見逃せない。例えば天井付近にルーバーを配置し、光の調整のほか、自然換気を考慮したのも彼流のこだわりである。

　建物全体のプロポーションやディテールは、フェーンの尊敬するミースのファンズワース邸のマインドを持ちあわせている。一方で日本的要素が強いことから、「日本へのオマージュ」であると述べていた[10]。フェーンは日本建築に多大な敬意を払っており、彼の夢は伝統的な日本家屋を訪ねることであった。健康上の理由で残念ながら日本を訪れることはなかったが、フェーンの関心は畳などモジュールに関するもので、それはユニット構造へとつながっている。

　フェーンは日本建築について次のように述べている。「日本には室内に居心地のよい場所を見つけることを表現する言葉がある。日本の室内には物が置かれておらず、どのように生活すべきかを告げるものがない。自分の存在で『自分の空間』をつくるという、まったく自由を持つこととなる。我々はみな、自然という広大な空間を旅している。もしも自己の感じ方を素直に外に出すことができるなら、場が人を探し、そして場が人をそこにとどめるだろう[11]」と。

　彼のインタビューの中で、印象的なものを一つ紹介しよう。「私は住宅を、一人の人間の誕生から生命を終えるまでの人生を綴る詩でできた枠組みと考えます…（中略）プロジェクトが始まる時、私はまず眠りに落ちます。テーマや敷地を夢の中で非現実的に描くのです。情報収集はここから始まります。そして最後に物語にまとめるわけです[12]」

　このようにフェーンの設計する住宅は、夢の中で線が引かれ、壮大な物語が紡ぎ出されている。シュライナー邸はオーナーが代わっても、フェーンの夢物語を脈々と受け継いでいるのである。

ARNE KORSMO_VILLA DAMMANN

左頁上．ダンマン邸、外観
左頁下左．庭から見た外観
左頁下右．丸みのあるコーナー
上．外観
下．パーゴラを通ってエントランスへ

ARNE KORSMO_VILLA STENERSEN

下.ステーネーセン邸、外観
右頁上.エントランス
右頁下.裏側の通用口

181

上.リビングにある暖炉
下.リビング
右頁上.ガーデンルーム
右頁下左.光が降り注ぐ天井
右頁下右.オリジナルのまま保存されている主寝室のバスルーム

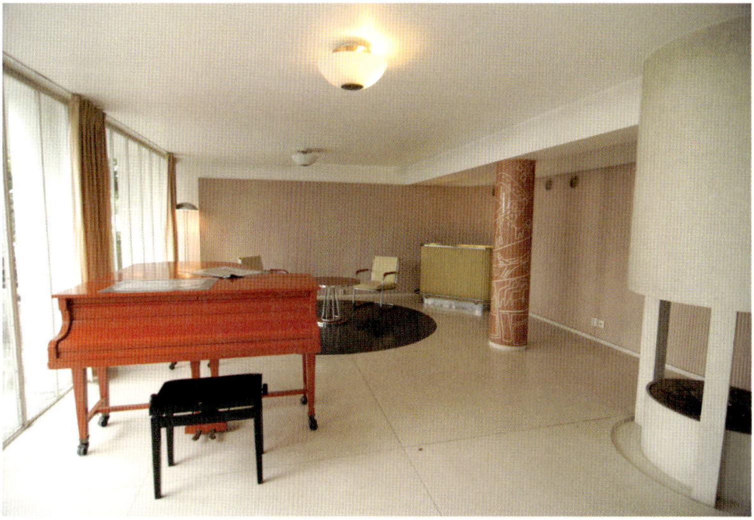

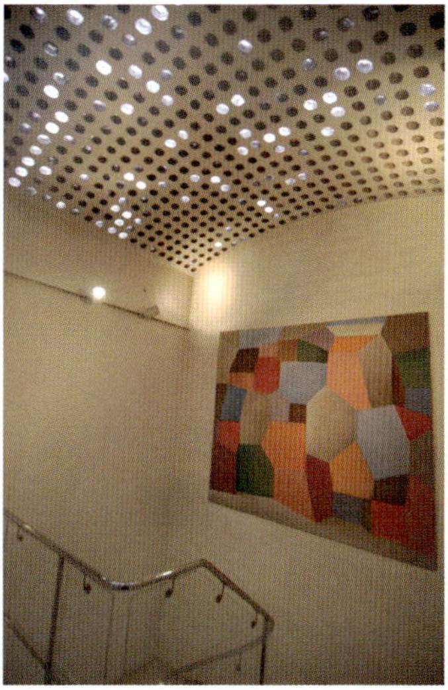

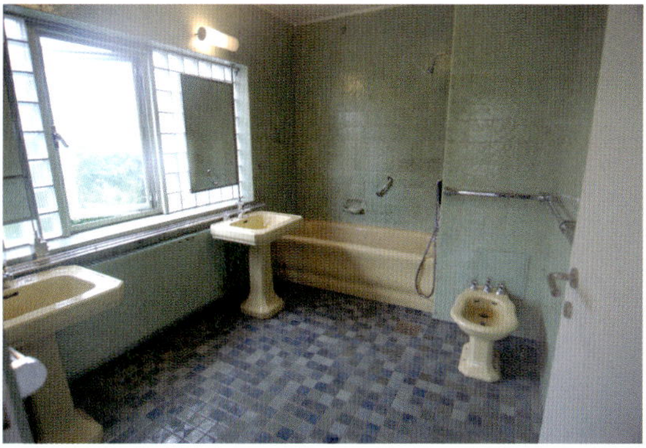

ARNE KORSMO_OWN HOUSE

上．道路側から見たコルスモ自邸
左頁．庭から見た外観

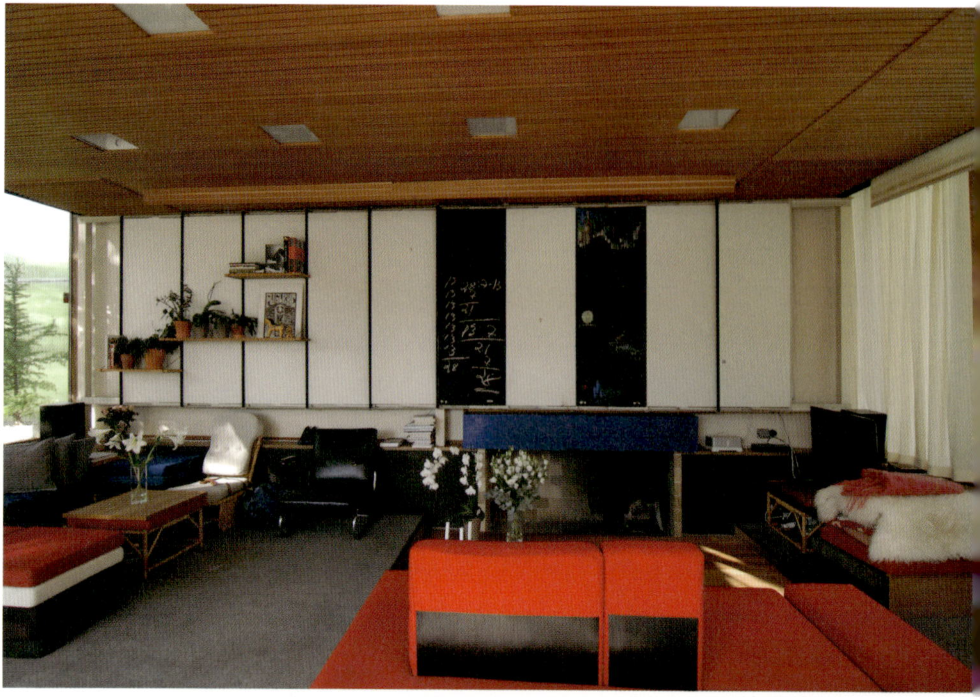

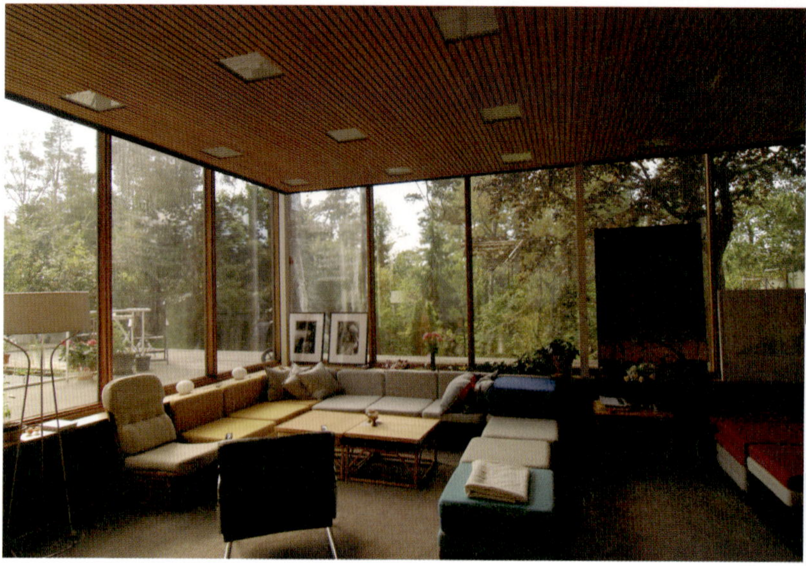

左頁上.リビング
左頁下.リビングのコーナー
上.リビングの収納壁
下.キッチン

北欧デザインの女王グレタ・プリッツ・キッテルセン

　アルネ・コルスモの人生に強い影響を与えた人物として2番目の妻、グレタ・プリッツ・キッテルセン（1917–2010）を紹介しよう。グレタといえば、キャサリンホルム社で製造されていた琺瑯のキッチン製品が有名である。グレタは芸術家の家庭で育った。祖父はアールヌーボーの建築家トロルフ・プリッツ、父親のヤコブ・プリッツは金工家で優れた芸術家であった。父はトーストルップ社を設立し、ノルウェーの金工界の黄金時代を築き上げた。グレタはトーストルップ社の製品を数多く手掛けるなど、親子でその貢献につとめた。父はノルスクフォルムが授与するヤコブ賞を創設した。この賞は1957年にスタートし、建築、工芸、インテリアデザインなど幅広い分野で活躍しているクリエイターに与えられる賞である。最初に受賞したのは娘のグレタであった。グレタはこのような恵まれた環境の中で才能を伸ばしていった。

　彼女はエナメル技術を駆使した秀逸な作品を残しているが、最初は七宝焼きのデザインからスタートしている。アルネ・コルスモと出会ったのは1936年、オスロの国立応用芸術大学であった。コルスモはその当時教員であり、ちょうど同じ年にパリ万博でノルウェー館を設計している。グレタは1941年に卒業、ふたりは1945年に結婚した。親交のあったチャールズ&レイ・イームズ夫妻のように、「ノルウェーのデザインカップル」と呼ばれていた。

　フルブライト奨学金をもらったふたりは、戦後1949–50年に渡米する。グレタはシカゴ・デザイン研究所に在籍し、ミースやライトらと出会っている。シカゴ・デザイン研究所はバウハウスの流れをくむデザインスクールであった。帰国後、歯の治療ドリル器具で金属を掘る技術を用いて琺瑯に加工を始めた。この画期的な技術で、美しい作品ができあがり、1952年に制作した七宝焼きの皿が、1954年ミラノ・トリエンナーレでグランプリを受賞。またアメリカ・ニューヨークのショップオーナー、フレデリック・ルニングによって創設されたルニング賞の、記念すべき第1回目の受賞者（1952）にもなった。

　1950年代後半より彼女の製品はキャサリンホルム社などで販売されるようになり、代表作となるロータス模様のキッチン製品は、世界中の大ヒット商品となる。1964年は国内だけ

自邸でダンスをするグレタとアルネ（1955）　　　　　自邸でエナメル加工をするグレタ（1955）

で15万個も売れたという。当時の商品名は「驚きの鍋」であった。しかし彼女自身はロータス模様を気に入っていなかったようである。これはキャサリンホルム社が地元の主婦らに募って選ばれたモチーフで、それを彼女がデザインしたのである。彼女は色で遊ぶことを提案し、「モダニストカラー」と名づけた。グレタはカラフルな色を好み、自邸でも赤、青、黒、白などに囲まれ、暮らしていた。人気の秘訣は、皿、ボウル、ポット、鍋などの種類を集めることと、色を組み合わせることであった。このロータスシリーズは、アート、デザイン、日用品が融合したもので、爆発的な人気商品となったが、1970年代に生産が中止され、現在ではアンティークショップやオークションなどでしか手に入らない。

　ここでグレタとコルスモの共同制作について紹介しよう。1950年代コルスモは建築家としての仕事よりもグレタとの協働作業にのめりこみ、プロダクトデザインの制作に注力している。ふたりの秀でた才能はお互いによい影響を与えあった。1951年にシカゴでノルウェー・デザインの展覧会が行われ、トーストルップ社のためにデザインしたふたりのプロダクト製品が並べられた。1953年にはフィンランドのアルテック社でコルスモの仕事を紹介する大規模な展覧会が開催されている。社交家で国際的なネットワークを持つ彼女が、アルテックのマイレ・グリクセンと交流があり、夫コルスモを紹介したのである。1954年にはミラノ・トリエンナーレでグランプリを受賞。1957年にも再びミラノ・トリエンナーレで金賞を受賞している。1954–57年にかけてアメリカやカナダで開催された「スカンジナヴィア・デザイン」の展覧会では、ふたりの作品が並べられ、北欧デザインの普及に努めた。

　その後1956年にコルスモはトロンハイムのノルウェー工科大学の教授に就任し、オスロと往復する日々が続いたが、1960年に離婚。グレタはキッチンウェアだけでなく、シルバーを使ったアクセサリーやジュエリーのデザインでも数多くの秀逸な作品を残した。グレタは1971年に法律家スヴェレ・ロエ・キッテルセンと再婚。2010年に亡くなるまで、コルスモと暮らしたオスロのプラネットヴァイエンの自邸で暮らし続けた。93歳の大往生であった。

イームズからもらった椅子とともに（2005）　　　　　　　ロータス柄のボウル

SVERRE FEHN_VILLA SCHREINER

上.庭から見たシュライナー邸
右.縁側的スペース
右頁上.リビング
右頁下.リビングからの庭の眺め

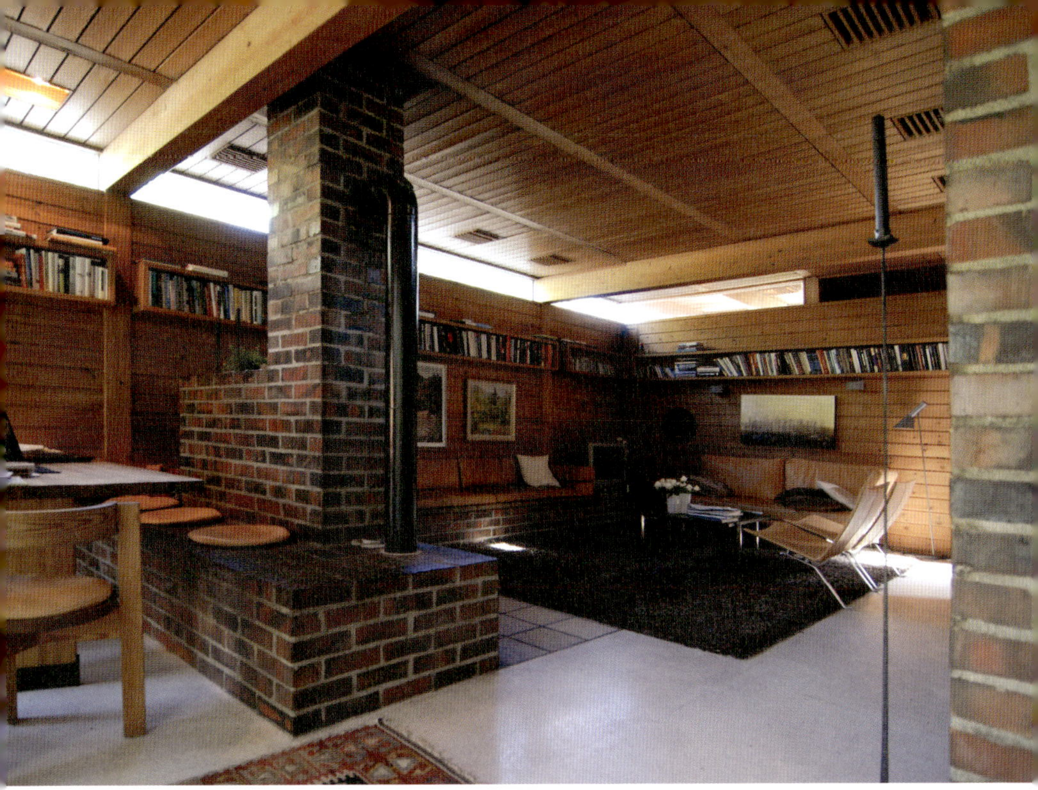

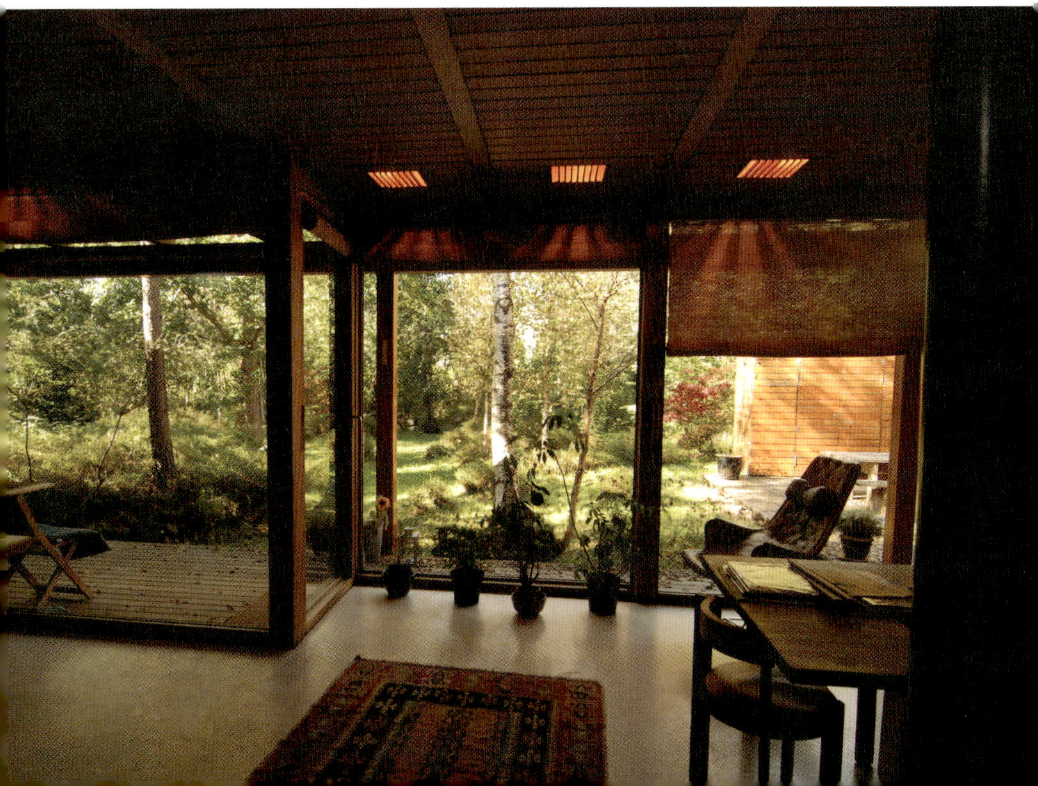

左上. キッチン
右上. リビングと暖炉
右下. 自然と一体化した空間

エリック・グンナー・アスプルンド
ERIK GUNNAR ASPLUND

1885	スウェーデン・ストックホルム生まれ
1905	ストックホルム王立工科大学に入学（1909まで）
	ラース・イスラエル・ヴァールマンらに師事
1909	ラース・イスラエル・ヴァールマンの事務所で働く
1910	スウェーデン王立芸術アカデミーに入学
	私設学校クララ・スクールを創設（7カ月で終了） ラグナル・エストベリらに師事
1913	イタリア、フランス旅行（1914まで）
1914	森の墓地の設計競技で一等（シーグルド・レヴェレンツと共同設計）
1918	スネルマン邸
	イェルダ・セルマンと結婚　デンマークに新婚旅行
	カールスハムンの中学校
1920	森の礼拝堂
	長男ウッレが死亡
	アメリカ旅行
1921	次男ハンスが生まれる
	リステール州裁判所
1923	スカンディア・シネマ
1924	カールヨハン小学校
	長女インゲマールが生まれる
1925	復活の礼拝堂（シーグルド・レヴェレンツ設計）
1926	今井兼次が事務所を訪ねる
1928	ストックホルム市立図書館
1930	ストックホルム博覧会
1931	ストックホルム王立工科大学の教授に就任
1935	ストックホルムの国立民族博物館の茶室・瑞暉亭を訪ねる
	イングリッド・クリングと再婚
	ブレーデンベリ百貨店
1936	三男ヨハンが生まれる
1937	国立バクテリア研究所
	ヨーテボリ裁判所増築
	アスプルンドの夏の別荘
1940	森の火葬場
	心臓発作で死亡

ヒューゴ・アルヴァ・ヘンリック・アアルト
HUGO ALVAR HENRIK AALTO

1898	フィンランド・クオルタネ生まれ
1903	一家はユヴァスキュラに引っ越す
1906	母セルマ死亡
1907	父が母の妹フローラと再婚
1916	ヘルシンキ工科大学（現在のアアルト大学）に入学　アルマス・リンドグレンらに師事
1918	一家はアラヤルヴィに引っ越す
1919	両親の家マンムラの改築
1921	ヘルシンキ工科大学を卒業
1923	ユヴァスキュラで事務所を構える
1924	アイノ・マルシオと結婚
1925	長女ヨハンナが生まれる
1926	ヴィラ・フローラ
1927	トゥルクに引っ越す
1928	長男ハミルカが生まれる
1929	第2回CIAMの国際会議に参加
1930	トゥルン・サノマット新聞社ビル
1933	ヘルシンキに引っ越す
	パイミオのサナトリウム
1935	アルテック設立
	ヴィープリの図書館
1936	アアルト自邸とアトリエ
1938	初めてのアメリカ旅行
1939	マイレア邸
	ニューヨーク万博フィンランド館
1946	マサチューセッツ工科大学（MIT）の教授に就任
1949	妻アイノ死亡
1952	エリッサ・マキニエミと再婚
	セイナッツァロの役場
1954	コエタロ（夏の別荘/実験住宅）
1955	フィンランドアカデミーのメンバーに就任
1956	アアルトのスタジオ
1959	メゾン・カレ
1963	米国建築家協会（AIA）からゴールド・メダル受賞
1969	コッコネン邸
1970	シルツ邸
1971	フィンランディア・ホール
1972	デンマーク・オールボーの北ユトランド美術館
	アルヴァ・アアルト美術館
1976	ヘルシンキにて没

アルネ・エミール・ヤコブセン
ARNE EMIL JACOBSEN

1902	デンマーク・コペンハーゲン生まれ
1921	アメリカ・ニューヨーク行きの客船に見習いとして乗船
1924	コペンハーゲン技術専門学校卒業
	デンマーク王立芸術アカデミー入学　カイ・フィスカーらに師事
1925	パリ万博デンマーク館（カイ・フィスカー設計）の椅子のデザインが銀賞を受賞
	フランス、イタリア旅行
1927	デンマーク王立芸術アカデミー卒業後、コペンハーゲン市建築局に就職（1929まで）
	マリー・イェストロップ・ホルムと結婚
	ワンデル邸
1929	「未来の家」コンペで一等（フレミング・ラッセンと共同設計）
	ヤコブセン自邸
1934	ベラヴィスタ集合住宅
1937	ベルビューシアター
1938	ヤコブセンの夏の別荘
1942	オーフス市庁舎（エリック・モーラーと共同設計）
	スレルズ市庁舎（フレミング・ラッセンと共同設計）
1943	ヨナ・モーラーと再婚
	ポールヘニングセン夫妻とスウェーデンへ渡る（1945まで）
1950	スーホルムⅠ
1952	アントチェア
1954	シモニー邸
1956	デンマーク王立芸術アカデミーの教授に就任（1965まで）
	コックフェルトの夏の別荘
	円形住宅
1957	ムンケゴー小学校
1958	エッグチェア、スワンチェア
1960	SASロイヤルホテル
1964	オックスフォード大学セント・キャサリン・カレッジ
1966	ヤコブセンの夏の別荘（農家の改築）
1967	シリンダライン
1970	クーブフレックス
1971	クバドラフレックス
	フランス建築アカデミー金賞受賞
	心臓発作で死亡
1978	デンマーク国立銀行

モーエンス・ラッセン
MOGENS LASSEN

1901	デンマーク・コペンハーゲン生まれ
1902	弟フレミングが生まれる
1910	寄宿舎でアルネ・ヤコブセンと知りあう
1919	コペンハーゲン技術専門学校入学
1923	デンマーク王立芸術アカデミー入学　カイ・フィスカーらに師事
1925	デンマーク王立芸術アカデミー中退
	建築家チューゲ・ヴァスの事務所で働く（1934まで）
1927	フランスに渡る
	デンマーク人建築家クリスチャン＆ニールセンの事務所で働く（1928まで）
1931	エッゲルト・モーラーの夏の別荘
1932	ヴィブケ・ブラントと結婚
1933	椅子ML33
1935	事務所設立
	モーラー邸
	歯科医の家（Anchersvej 6）
1936	ラッセン自邸（Sølystvej 5）
	Sølystvej 7
1937	オードロップのシステム集合住宅
1939	イェスパーセン邸（Sølystvej 9-11）
	デンマーク手工芸デザイン協会に所属し、国立工芸博物館で展示デザイナーとして働く（1967まで）
1940	折り畳み式エジプト風コーヒーテーブル
1941	グロストロップの18棟の戸建て住宅（フレミング・ラッセンと共同設計）
1943	ヘラロップのタウンハウス（エアハード・ローレンツと共同設計）
1949	エレン・ワンシャーと再婚
1950	椅子ML50
1953	生命保険の国立研究所（フリッツ・シュレーゲルと共同設計）
1957	トーマス・ローゼンダールの夏の別荘
1962	キャンドルスタンドKubes
1966	カントリーハウスJulsø
1967	ディッテ・ハンセンと3度目の結婚
1977	レストランGilleleje
1987	コペンハーゲンにて没

ヨーン・ウッツォン
JØRN UTZON

1918	デンマーク・コペンハーゲン生まれ
	一家はオールボーに引っ越す
1937	デンマーク王立芸術アカデミー入学　カイ・フィスカーらに師事
1942	デンマーク王立芸術アカデミー卒業
	リス・フェンガーと結婚
	トビアス・ファイバーとスウェーデンへ渡る　ハーコン・アールベリの事務所で働く
	アルネ・コルスモらと出会う
1944	長男ヤンが生まれる
1945	アルヴァ・アアルトの事務所で働く（数週間）
	デンマーク帰国
1946	長女リンが生まれる
1947	モロッコ、フランス旅行（1948まで）
1949	アメリカへ渡る（1950まで）
	ミース・ファンデル・ローエ、エーロ・サーリネンらに出会う
	コルスモ夫妻とメキシコ旅行
1950	デンマーク帰国
	PAGONのメンバーに加わる
1952	ウッツォン自邸（ヘルベック）
1953	ミッデルボー邸
	ランゲリーニ・パヴィリオンのコンペ三等
	第9回CIAMの会議にスヴェレ・フェーンらと参加
1955	シドニー・オペラハウスの設計競技に応募、一等を獲得
1957	オーストラリア、日本、アメリカ旅行
	次男キムが生まれる
1959	キンゴーハウス
1963	フレデンスボーハウス
	オーストラリアへ家族全員で移住（1966まで）
1966	シドニー・オペラハウスの設計担当から外される
1971	キャン・リス（ウッツォン自邸、スペイン・マヨルカ島）
	ハワイ大学の教授に就任
1973	シドニー・オペラハウス
1976	バウスヴェア教会（長男ヤンと共同設計、テキスタイルは長女リンのデザイン）
1982	ウッツォン・アソシエーツ設立（長男ヤンと次男キムと）
	クウェート国会議事堂（長男ヤンと共同設計）
1987	バウスチャン（ウッツォン・アソシエーツと共同設計）
1995	キャン・フェリス（ウッツォン自邸、スペイン・マヨルカ島）
2003	プリツカー賞受賞
2008	ウッツォン・センター
	ヘルベックにて没

アルネ・コルスモ
ARNE KORSMO

1900	ノルウェー・オスロ生まれ
1926	トロンハイムのノルウェー工科大学卒業
	ブルン＆エレフセンの事務所で働く
1928	オーセ・シースと結婚
	ヨーロッパ旅行（1929まで）
1929	スヴェレ・アースランドと共同事務所を設立
	数多くの住宅を共同設計（1935まで）
1930	フローエン住宅群
1932	ハヴナ通り住宅群
	ダンマン邸
1935	リーセ邸
1936	オスロの国立応用芸術大学の教授に就任　学生だったグレタと出会う
1937	パリ万博のノルウェー館（クヌト・クヌトセンらと共同設計）
1938	VI KAN博覧会（クヌト・クヌトセンらと共同設計）
1939	ステーネーセン邸
1944	スウェーデンへ渡る
	ヨーン・ウッツォンと茶室・瑞暉亭を訪れる
1945	ノルウェー帰国
	グレタ・プリッツ・キッテルセンと再婚
1946	ヨーン・ウッツォンといくつかのコンペに参加
	オスロ中央駅のコンペ（1947）
	スウェーデンのビジネススクールのコンペ（1948）
	シビック・センターのコンペ（1949）
1949	フルブライト奨学金を獲得し、アメリカへ渡る（1950まで）
	ミース・ファン・デル・ローエ、チャールズ＆レイ・イームズ夫婦らに出会う
1950	CIAMの独立組織PAGONを設立　その代表となる
1953	フィンランド・ヘルシンキのアルテックにて展覧会
1954	ミラノ・トリエンナーレでグランプリを受賞
1955	プラネットヴァイエンの3つの住宅、コルスモ自邸（クリスチャン・ノルベルグ・シュルツと共同設計）
1956	トロンハイムのノルウェー工科大学の教授に就任
1960	グレタと離婚
1965	ハンネ・ラフスダルと3度目の結婚
1968	出張先のペルーにて急死

スヴェレ・オラフ・フェーン
SVERRE OLAV FEHN

1924	ノルウェー・コングスベル生まれ
1945	オスロの国立応用芸術大学（のちのオスロ建築大学）入学　アルネ・コルスモ、クヌト・クヌトセンらに師事
1949	オスロの国立応用芸術大学卒業
	オスロ市建築局に就職
	第8回CIAMの会議に参加
1950	PAGONのメンバーに加わる
1952	イングリッド・ロベール・ペッターセンと結婚
	モロッコ旅行（1953まで）
1953	第9回CIAMの会議にヨーン・ウッツォンらと参加
	フランスの建築家ジャン・プルーヴェの事務所で働く（1954まで）
1954	事務所設立
1955	オスロの老人ホーム（ガイア・グルングと共同設計）
1958	ブリュッセル万博のノルウェー館
1960	長男グイが生まれる
1962	ヴェネチア・ビエンナーレの北欧館
1963	シュライナー邸
1964	ノルチェビング邸
1971	オスロ建築大学の教授に就任（1995まで）
1979	ハマールのヘドマルク博物館
1986	アルネ・コルスモ設計のダンマン邸を自邸とする
1990	ブスク邸
1991	氷河博物館
1995	アウクルスト博物館
1997	プリツカー賞受賞
2008	ノルウェー建築博物館改修
2009	オスロにて没

注 釈

GUNNER ASPLUND

1. Klara School:私設学校で、わずか7カ月で終了するが、グンナー・アスプルンド、シーグルド・レヴェレンツ、オズヴァルド・アルムクヴィスト、エリック・カールストランド、ヨセフ・エストリン、メルキオア・ヴァルンステッドの6人が実際に参加した
2. スチューアート・レーデ著/樋口清・武藤章訳『アスプルンドの建築』鹿島出版会、1982
3. ハーコン・アールベリによれば、パウルソンに利用されていたことを感じていたという。前掲『アスプルンドの建築』より
4. 前掲『アスプルンドの建築』
5. 今井兼次（1895-1987）:建築家。早稲田大学教授。北欧だけでなく、ヨーロッパ諸国を回り、日本に海外の建築をいち早く紹介した。アントニ・ガウディの建築を紹介したことでも知られている
6. 今井兼次『作家論Ⅰ-私の建築遍歴』中央公論美術出版、1993
7. 前掲『作家論Ⅰ-私の建築遍歴』
8. おそらくその時アスプルンドの手に渡ったのではないかと川島洋一は推測している。2枚の写真はその後1935年にドイツ語で出版される吉田鉄郎の『日本の住宅』に使われている（展覧会図録『建築家グンナール・アスプルンド　癒しのランドスケープ』汐留ミュージアム、2006）
9. ヨーラン・シルツ編/吉崎恵子訳『アルヴァー・アールト　エッセイとスケッチ』鹿島出版会、2009（アルキテヘティ誌、1940）
10. 1891年にオープンした野外ミュージアム
11. ヨハン・アスプルンドからのヒアリングより

ALVA AALTO

1. ケネス・フランプトン著/中村敏男訳『現代建築史』青土社、2003
2. ヨーラン・シルツ著/田中雅美・田中智子訳『白い机　若い時』鹿島出版会、1989
3. 前掲『白い机　若い時』
4. ヨーラン・シルツ著/田中雅美・田中智子訳『白い机　モダン・タイムス』鹿島出版会、1993
5. 前掲『白い机　若い時』
6. ヨーラン・シルツ著/田中雅美・田中智子訳『白い机　円熟期』鹿島出版会、1998
7. 前掲『白い机　円熟期』
8. 前掲『白い机　若い時』
9. マルック・ラティ「アルヴァ・アアルトの住宅:人々のためのパラダイス」『a+u アルヴァ・アアルト』1983年5月臨時増刊号
10. 前掲『白い机　モダン・タイムス』
11. 前掲『白い机　円熟期』
12. 前掲『白い机　円熟期』
13. 『a+u アルヴァ・アアルトの住宅　その永遠なるもの』1998年6月臨時増刊号
14. 前掲『白い机　若い時』
15. 前掲『白い机　モダン・タイムス』
16. Ulla Kinnunen, *Aino Aalto*, Alvar Aalto Foundation, Alvar Aalto Museum, 2004
17. Anssi Blomstedt, DVD *The Aalto House*, Alvar Aalto Museum, 2008
18. 前掲『白い机　モダン・タイムス』
19. 前掲『白い机　円熟期』
20. 前掲『白い机　円熟期』

21. 前掲『白い机　円熟期』
22. 前掲『白い机　円熟期』
23. Juhanni Pallasamaa, *Alvar Aalto: Villa Mairea*, Alvar Aalto Foundation, Mairea Foundation, 1998
24. Harry, Aino, Maire, Alvar からとったもの
25. Michael Trencher著/平山達訳『建築ガイドブック　アルヴァー・アアルト』丸善、2009
26. 『a+u アルヴァ・アアルトの住宅　その永遠なるもの』1998年6月臨時増刊号
27. 川島洋一「茶室『瑞暉亭』の建設の経緯」『福井工業大学研究紀要』第37号、2007
28. アルヴァ・アアルト財団発行の小冊子より
29. ヨーラン・シルツ編/吉崎恵子訳『アルヴァー・アールト　エッセイとスケッチ』鹿島出版会、2009
30. 前掲『アルヴァー・アールト　エッセイとスケッチ』
31. 前掲『白い机　円熟期』
32. コッコネン邸見学の際のガイドからの話
33. 2011年現在、ヤーヴェンパー市に依頼された音楽家二人が案内を任されている
34. 前掲『白い机　モダン・タイムス』

ARNE JACOBSEN

1. 所員エレン・ワーデからのヒアリングより
2. Carsten Thau & Kjeld Vindum, *Arne Jacobsen*, Arkitektens Forlag/Danish Architectural Press, 2001
3. 前掲 *Arne Jacobsen*
4. DVD "Arne Jacobsen Gland Old Man of Modern Design and Architecture", 2004 (出演:アルネ・ヤコブセン、監督:スヴェンド・エリック・オーレンシュレッガー)
5. 前掲 *Arne Jacobsen*
6. 前掲 *Arne Jacobsen*
7. 前掲 *Arne Jacobsen*
8. 前掲 *Arne Jacobsen*

MOGENS LASSEN

1. Lisbet Balslev Jørgensen, *Arkitekten Mogens Lassen*, Arkitektens Forlag, 1989
2. 1957年に第2弾の見本帖が作られたが、こちらは原色や柄が入ったものであった
3. 現在のオーナーはリビングだけはオリジナルとは異なり、白い色にしている
4. 前掲 *Arkitekten Mogens Lassen*
5. 前掲 *Arkitekten Mogens Lassen*

JØRN UTZON

1. ヨーン・ウッツォンのインタビュー「キャン・フェリスについて」Living Architecture No.14, 1995
2. Richard Weston, *Utzon: Inspiration, Vision, Architecture*, Bløndal, 2002
3. Stig Matthiesen, *Utzon & Utzon Center Aalborg, The joy is not in owning-but in creating*, Utzon Center, 2011
4. 前掲 *Utzon: Inspiration, Vision, Architecture*

5. 前掲 *Utzon: Inspiration, Vision, Architecture*
6. 前掲 *Utzon: Inspiration, Vision, Architecture*
7. 前掲 *Utzon & Utzon Center Aalborg, The joy is not in owning-but in creating*
8. 前掲 *Utzon: Inspiration, Vision, Architecture*
9. 前掲 *Utzon & Utzon Center Aalborg, The joy is not in owning-but in creating*
10. 前掲 *Utzon & Utzon Center Aalborg, The joy is not in owning-but in creating*
11. 前掲 *Utzon & Utzon Center Aalborg, The joy is not in owning-but in creating*
12. 前掲 *Utzon & Utzon Center Aalborg, The joy is not in owning-but in creating*
13. ヤン・ウッツォンからのヒアリングより

ARNE KORSMO

1. Gennaro Postiglione, *100 houses for 100 architects*, Taschen, 2005
2. Christian Norberg-Schulz, *The Functionalist Arne Korsmo*, Universitetsforlaget, 1986
3. 前掲 *100 houses for 100 architects*
4. 前掲 *The Functionalist Arne Korsmo*
5. 前掲 *100 houses for 100 architects*
6. 『a+u 20世紀のモダンハウス：理想の実現 I』2000年3月臨時増刊号
7. 前掲 *100 houses for 100 architects*
8. 『a+u 特集スヴェール・フェーン』1999年1月号
9. 前掲 *The Functionalist Arne Korsmo*
10. 前掲 *100 houses for 100 Architects*

SVERRE FEHN

1. Marianne Yvenes & Eva Madshus, *Architect Sverre Fehn, intuition-reflection-construction*, The National Museum of Art, Architecture and Design, 2008
2. フェーンはグルングとの関係が壊れてしまって以来、ウッツォンとも頻繁に会えなくなったことを悔いている
3. 『a+u 特集スヴェール・フェーン』1999年1月号
4. カール・ヴィゴ・ホルムバックが喩えとして用いた用語。『a+u』1999年1月号
5. 前掲 *Architect Sverre Fehn*
6. 前掲 *Architect Sverre Fehn*
7. ギーディオンが名づけたもの
8. 前掲『a+u』1999年1月号
9. 前掲『a+u』1999年1月号
10. 前掲 *Architect Sverre Fehn*
11. 前掲『a+u』1999年1月号
12. 前掲『a+u』1999年1月号

＊文中の建築作品(年)は竣工年に統一した

見学可能な建築所在地

SWEDEN

▶ アスプルンドの夏の別荘
ASPLUND SUMMER HOUSE
Hästnäsvägen 55, 148 97 Sorunda
Mobile: +46 (0) 707 438020 (Charlotta Hegerud)
http://www.asplundsummerhouse.com/cms/

▶ 茶室・瑞暉亭（ストックホルム国立民族博物館内）
"ZUI-KI-TEI" JAPANESE TEAHOUSE
ETHNOGRAHIC MUSEUM
Djurgårdsbrunnsvägen 34, Box 27 140,
102 52 Stockholm
Tel: +46 (0) 8 519 550 00
http://www.varldskulturmuseerna.se/

FINLAND

▶ アアルト自邸
AALTO HOUSE
Riihitie 20, 00330 Helsinki
Tel: +358 (0) 9 481 350
http://www.alvaraalto.fi/aaltohouse.htm

▶ マイレア邸
VILLA MAIREA
Pikkukoivukuja 20, 29600 Noormarku
Tel: +358 (0) 10 888 4460
http://www.villamairea.fi/

▶ コエタロ（夏の別荘/実験住宅）
KOETALO (EXPERIMENTAL HOUSE)
Säynätsalo
Tel: +358 (0) 14 2667113
http://www.alvaraalto.fi/experimentalhouse.htm

▶ コッコネン邸
VILLA KOKKONEN
Tuulimyllyntie 5, 04400 Järvenpää
Mobile: +358 (0) 44 291 8424 (Elina Viitaila)
http://www.villakokkonen.fi/en

▶ ヴィトレスク
HVITTRÄSK
Hvitträskintie 166, 02440 Luoma
Tel: +358 (0) 9 4050 9630
http://www.nba.fi/en/museums/hvittrask

DENMARK

▶ クーブクレックス（トラポルト・ミュージアム内）
KUBEFLEX
TRAPHOLT MUSEUM
Æblehaven 23, 6000 Kolding
Tel: +45 (0) 76 30 05 30
http://www.trapholt.dk/udstillinger/arne-jacob-sens-sommerhus

▶ フィン・ユール自邸（オードロップゴー・ミュージアム内）
FINN JUHL'S HOUSE
ORDRUPGAARD
Ordrupgaard Vilvordevej 110
2920 Charlottenlund
Tel: +45 (0) 39 64 11 83
http://www.ordrupgaard.dk/topics/collection-and-architecture/finn-juhl's-house.aspx

▶ ウッツォン・センター
UTZON CENTER
Slotspladsen 4, 9000 Aalborg
Tel: +45 (0) 76 90 50 00
http://www.utzoncenter.dk/en/

NORWAY

▶ ステーネーセン邸
VILLA STENERSEN
Tuengen allé 10 C, Vinderen, 0374 Oslo
Tel: +47 (0) 22 13 63 90
http://www.norskform.no/Temaer/Villa-Stenersen/

あとがき

「今度は夏にいらっしゃい」。

2011年9月に北欧を訪れた際、ある住宅のオーナーから言われた言葉。成田空港から旅立った時、日本はまだ猛暑であった。調査の半ばで「北欧の9月がこんなにも肌寒かったっけ?」と過去の記憶を思い起こし、厚手のコートを持参しなかったのを悔んだ。私がアアルトのコエタロ(実験住宅)を訪れたのは夏季開業が終わる1日前で、あまりの寒さにユヴァスキュラの街でダウンジャケットとブーツを購入した。北欧の9月は冬を迎える直前の短い秋であった。

私がデンマークに留学していたのは2006–2008年の2年間で、デンマークは他の北欧諸国(スウェーデン、フィンランド、ノルウェー)に比べると一番緯度が低く、寒暖の差が少ないことに気づく。今回はわずか17日間で4カ国を巡るというタイトなスケジュールの調査旅行だった。留学中に培った人脈や友人のネットワークを頼りに、日本出発前に住宅訪問とインタビューの日程をしっかり組んでいた。自称「晴れ女」の私は、ここでも天候に恵まれ、青空を背景によい写真を撮ることができたのは幸運であった。

ところで私が北欧に魅せられたきっかけは、アアルトのマイレア邸である。初めて訪れた北欧は、実はデンマークではなく2003年冬のフィンランドだった。当時、慶応義塾大学SFC(湘南藤沢キャンパス)修士2年の私は、ヘルシンキ工科大学(現在のアアルト大学)との共同ワークショップに参加しており、自由行動の1日を使って友人ふたりと訪れたのである。その時の感動が忘れられず、私にとってマイレア邸は数ある名建築の中で1番のお気に入りとなった。それ以降もヨーロッパ各地の建築をまわったが、未だマイレア邸は不動の1位(My favorite architecture)を誇っている。

それから3年後の2006年9月。念願の北欧留学を果たした。ところが、日ごとに日照時間が短くなり、12月になると朝8時になっても太陽が昇らず、辺りは真っ暗である。日が昇っても夕方3時になると沈んでしまい、夜が長い。そんな暗い冬の暮らしを経験し、精神的に参ってしまった。留学先を北欧に選んだことさえ後悔する毎日であった。鬱病患者や自殺者が多いという事実も、冬の陰鬱な日々を過ごすと理解できる。

ところが「喉元過ぎれば…」という諺のように、春が来て、待望の夏がやっ

てくると、嘘のように「北欧万歳!」に変わるのである。日本のようにじっとしていても汗ばむことなくからっとした気候は、窓を開けてさえいれば冷房不要である。私はルームシェアしていたデンマーク人と爽快に自転車のペダルを漕ぎ、近所の公園や海辺へ出かけ、短い夏を謳歌した。

　しかし冬になると再びあの暗さに馴染めず、友人とクリスマスシーズンはスペインへ渡り、陰鬱な気を紛らわせた。ウッツォンがシドニー・オペラハウスの設計担当者から外された際、祖国デンマークに戻らず、スペインのマヨルカ島での暮らしを選択したのは納得できる。私はこのように北欧での暮らしを通じ、「北欧の光と影」を知った。

　本書で紹介した建築家たちは自らの住宅に夢を託し、妻や家族がそれを支えている。厳しい自然環境の北欧で生き抜くための知恵が、住宅に詰め込まれているのである。

―― 謝　辞 ――

　とても素敵な本に仕上がりました。帯にメッセージを寄せてくださったミナ ペルホネンの皆川明さん、出版の機会を与えてくださった学芸出版社および編集の宮本裕美さんに深く御礼申し上げます。デザインをお願いしたグラフィックデザイナーの古谷哲朗くんは、慶応義塾大学三宅理一研究室の後輩にあたります。彼は5月に新婚旅行で北欧へ渡り、本書のデザインに北欧らしさを取り入れてくれました。その他、日本だけでなく北欧でお世話になった方々の顔と名前が思い浮かびます。私の研究も家族の支えによって成り立っています。調査旅行中に両親に預けていた犬を亡くしました（享年16歳）。最愛のパートナーの死から立ち直らせてくれたのは、もう1匹の犬でした。本書は私の家族に捧げたいと思います。

　あなたの夢は何ですか？　私も夢を持っています。北欧の建築家たちのように、いつまでも夢と希望を失わず、チャレンジし続けたいと思います。そうすることできっと将来が開けると信じ、ここに筆を置くことにします。

2012年6月 山形にて　和田菜穂子

図版クレジット
Credits of Photographs and Drawings

©Arkitekturmuseet (p.7, 22-23, 193), ©Maki Yoshida吉田真希 (p.17 middle), Karin Blent, Skansen, Skansen, 2010 (p.26 bottom), ©Johan Asplund (p.32), ©SCANDEX (p.33, 39 right, 51,194), ©Artek (p.37, 39 left, 48), ©Alvar Aalto Museum (photographer: Eino Mäkinen, p.46) ©Alvar Aalto Museum (p.56, 61, 62, 69 top, 94), ©Satoko Hinomizu 日野水聡子 (p.63), ©Teppo Järvinen (p.95 top), ©Danmarks Kunstbibliotek Samlingenaf Arkitekturegninger (p.97, 100, 109, 111, 113, 115, 119 bottom,123 top, 125 top, 131 right, 133, 152 bottom, 195), ©Stelton A/S (p.103 right), ©by Lassen ApS (p.129, 131 left, middle, 135 left,196), Lisbet Balslev Jørgensen, Arkitekten Mogens Lassen, Arkitektens Forlag, 1989 (p.135 right), ©Jan Utzon (p.137, 155, 197), ©Utzon Center (p.156 bottom/left), ©Nasjonalmuseet for kunst, arkitektur og design (p.161, 198) ©Nasjonalmuseet for kunst, arkitekture og design (photographer: Teigens Fotoatelier AS, p.188), ©Hedmarksmuseet (p.171, 199), ©SCANPIX NORWAY/PANA (p.189 left), All photographs©Nahoko Wada otherwise noted. 上記以外の写真は筆者撮影©和田菜穂子

主な参考文献
Bibliography

GUNNAR ASPLUND

吉村行雄写真/川島洋一文『アスプルンドの建築1885-1940』TOTO出版、2005
中村好文『住宅巡礼』新潮社、2000
E.G.アスプルンド著/SD編集部編『現代の建築家　E.G.アスプルンド』鹿島出版会、1983
スチュアート・レーデ著/樋口清・武藤章訳『アスプルンドの建築：北欧近代建築の黎明』鹿島出版会、1982
Peter Blundell Jones, Gunnar Asplund, Phaidon Press, 2006
Claes Caldenby, Olof Hultin, Erik Gunnar Asplund, Asplund, Gingko Press, 1986
Peter Blundell Jones, "Asplund: House at Stennäs", The Architects' Journal, vol. 287 January 1988

ALVA AALTO

Michael Trencher著/平山達訳『建築ガイドブック　アルヴァー・アアルト』丸善、2009
松本淳『ヘヴンリーハウス4　マイレア邸/アルヴァー・アールト』東京書籍、2009
齋藤裕『AALTO: 10 Selected Houses アールトの住宅』TOTO出版、2008
齋藤裕『ヴィラ・マイレア　アルヴァ・アールト』TOTO出版、2005
『a+u　アルヴァ・アアルトの住宅 その永遠なるもの』1998年6月臨時増刊号
ヨーラン・シルツ著/田中雅美・田中智子訳『白い机 円熟期』鹿島出版会、1998
ヨーラン・シルツ著/田中雅美・田中智子訳『白い机 モダン・タイムス』鹿島出版会、1993
ヨーラン・シルツ著/田中雅美・田中智子訳『白い机 若い時』鹿島出版会、1989
GA HOUSES 95, A.D.A.EDITA Tokyo, 2006
Jari Jetsonen & Sirkkaliisa Jetsonen, Alvar Aalto Houses, Princeton Architectural Press, 2011
Erkki Helamaa & Jari Jetsonen, Alvar Aalto Summer Homes, Rakennustieto Publishing, 2007
Juhanni Pallasamaa & Tomoko Sato, Alvar Aalto: Through the Eyes of Shigeru Ban, Black Dog Publishing, 2007
Ulla Kinnunen, Aino Aalto, Alvar Aalto Foundation, Alvar Aalto Museum, 2004
Louna Lahti, Alvar Aalto, Taschen, 2004
Juhanni Pallasamaa, The Aalto House Vol.6 1935-36, Alvar Aalto Foundation/Alvar Aalto Academy, 2003
Juhanni Pallasamaa, Alvar Aalto: Villa Mairea, Alvar Aalto Foundation, Mairea Foundation, 1998
Goran Schldt, Alvar Aalto: The Complete Catalogue of Architecture, Design and Art, Rizzoli, 1994
Rax Rinnekangas, DVD Villa Mairea, Bad Taste, 2009
Anssi Blomstedt, DVD The Aalto House, Alvar Aalto Museum, 2008
Anssi Blomstedt, DVD Alvar Aalto's Journey to The Summer, Alvar Aalto Museum, 2007

ARNE JACOBSEN

Poul Erik Tøjner, Atlas Arne Jacobsens akvareller, Kunstbogklubben, 2003
Michael Sheridan, Room 606: The SAS House and the Work of Arne Jacobsen, Phaidon Press, 2003
Exhibition Catalogue, Arne Jacobsen Absolutely Modern, Louisiana Museum of Modern Art, 2002
Felix Solaguren+Beasoca, Arne Jacobsen: Drawings 1958-1965, Arkitektens Forlag/Danish Architectural Press, 2002
Felix Solaguren+Beasoca, Arne Jacobsen: Approach to his Complete Works 1926-1949, Arkitektens Forlag/Danish Architectural Press, 2002
Felix Solaguren+Beasoca, Arne Jacobsen: Approach to his Complete Works 1950-1971, Arkitektens Forlag/Danish Architectural Press, 2002
Carsten Thau & Kjeld Vindum, Arne Jacobsen, Arkitektens Forlag/Danish Arhcitectural Press, 2001
Poul Erik Tøjner & Kjeld Vindum, Arne

Jacobsen Architect & Designer, Dansk Design Center, 1999
Lisbet Balslev Jørgensen, *2G Libros Book Arne Jacobsen*, Edificios Publicon Public Buildings, 1997
Svend Erik Øhlenslasger, DVD *Arne Jacobsen: Gland Old Man of Modern Design Architecture*, 2004

MOGENS LASSEN

Lisbet Balslev Jørgensen, *Arkitekten Mogens Lassen*, Arkitektens Forlag, 1989
Karsten Høyer, *Villa Bakkedal Restaurerng*, ARCHITECTURA 27, 2005

JØRN UTZON

Stig Matthiesen, *Utzon & Utzon Center Aalborg, The joy is not in owning-but in creating*, Utzon Center, 2011
Michael Juul Holm, Exhibition Catalogue *Jørn Utzon: The Architect's Universe*, Louisiana Museum of Modern Art, 2004
Richard Weston, *Utzon: Inspiration, Vision, Architecture*, Bløndal, 2002
Peter Bech, DVD *Jørm Utzon: The Architet's Universe*, Louisiana Museum of Modern Art, 2007

ARNE KORSMO

『a+u 20世紀のモダン・ハウス：理想の実現I』2000年3月臨時増刊号
Karianne Bjellås Gilje, *Grete Prytz Kittelsen: The Art of Enamel Design*, WW Norton & Company, 2012
Elisabeth Tostrup, *The Korsmo House: Experimentation, Critique and Persuasion, Architects-agents of change?*, Nordic Association of Architectural Research Conference, 2006
Jon Brænne, Eirik T.Bøe, Astrid Skjerven, *Arne Korsmo Arkitektur og design*, Universitetsforlaget, 2004
Christian Norberg-Schulz, *The Functionalist Arne Korsmo*, Universitetsforlaget, 1986
GA HOUSES 105, A.D.A.EDITA Tokyo, 2008

SVERRE FEHN

『a+u 特集スヴェール・フェーン』1999年1月号
Per Olaf Fkeld, *Sverre Fehn: The Pattern of Thoughts*, The Monacelli Press, 2009
Marianne Yvenes & Eva Madhus, *Architect Sverre Fehn intuition-reflection-construction*, The National Museum of Art, Architecture and Design, 2008
Niels Marius Askim, *Villa 21 arkitekttengnede eneboliger*, Gyldendal Norsk Forlag AS, 2001
Per Olaf Fjeld, *Sverre Fehn on The Thought of Construction*, Rizzoli International Publications, 1983

OTHERS

織田憲嗣『北欧デザインの巨匠 フィン・ユールの世界』平凡社、2012
ケネス・フランプトン著/中村敏男訳『現代建築史』青土社、2003
『a+u マスターズ・オヴ・ライト第1巻：20世紀のパイオニアたち』2003年11月臨時増刊号
S・E・ラスムッセン著/吉田鉄郎訳『北欧の建築』鹿島出版会、1978
Vibe Udsen, *Scandinavian Modern Houses Vol.2*, Living Architecture Publishing, 2010
Vibe Udsen, *Scandinavian Modern Houses Vol.1*, Living Architecture Publishing, 2006
Elizabeth Wilhide, *Scandinavian Modern Home*, Quadrille Publishing, 2008
Martin Keiding, *Danish architecture since 1754*, Danish Architectural Press, 2007
Gennaro Postiglione, *100 houses for 100 architects*, Taschen, 2005
Christian Norberg-Schulz, *Modern Norwegian Architecture*, Norwegian University Press, 1986

取材協力 / Special Thanks to

[Sweden] Charlotta Hagerud, Johan Asplund, Maki Yoshida, Arkitekturmuseet

[Finland] Lauri Martikainen, Marjo Holma, Marja-Liisa, Elina Viitaila, Antti A. Pesonen, Tiina Huolman, Hiroko Kivirinta, Jere Saarikko, Thomas Rydberg, Satoko Hinomizu, Mairea Foundation, Alvar Aalto Museum

[Denmark] Jens Andrew Baumann, Sara Hallas-Møller, Birte Højlund Rasmussen, Anne Gall Seward, Jan Heichelmann, Ellen Waade, Poul Ove Jensen, Birgitte and Søren Holck-Andersen, Høyer Karsten, Birthe Holstein, Helene Wanscher, Keiko Yamagata, Reiko Nara, Claus M Smidt, Søren Christense, Lisbeth Pepke, Ida Wedfall, Jeppe Markussen, Johna Hansen, Pernille Kaadekildeholm, Jan Utzon, Anni G. Walter, Utzon Center, Mads and Lise Øvlise, Claus and Xenia Brun, Carsten Thau, Marie Conradi Vestergaard, Erik Westeman, Trapholt, Ordrupgaard, Danmarks Kunstbibliotek Samlingenaf Arkitektureg-ninger, Realdania byg A/S, Dissing + Weitling, Embassy of Denmark, Fritz Hansen

[Norway] Mikkel Orheim, Norskform, Mirei Yoshida, Jonas Norlin, Aud Norlin, Stein Halvorsen, Elisabeth Tostrup, Arkitektur og designhøgskolen i Oslo, Nasjonalmuseet for kunst, arkitektur og design, Pax Publishing House, Embassy of Norway

[日本] 三宅理一、石田潤、斎藤優子、松本淳、Ken Tadashi Oshima

和田菜穂子
NAHOKO WADA

1969年新潟県生まれ。博士（学術）。1992年青山学院大学卒業、2006年慶應義塾大学大学院後期博士課程単位取得退学、2006–2008年デンマーク政府奨学生としてコペンハーゲン大学留学。黒川紀章建築都市設計事務所、神奈川県立近代美術館、東北芸術工科大学、東京藝術大学、慶應義塾大学等に勤務。建築、デザイン、アートの領域をクロスオーバーする活動を行う。2016年より東京建築アクセスポイント代表理事。趣味は世界各地のミュージアムを巡ること。
著書に『アルネ・ヤコブセン』『近代ニッポンの水まわり』（以上、学芸出版社）、『北欧建築紀行』（山川出版社）、『アルヴァ・アアルト　もうひとつの自然』（国書刊行会）。

http://www.nahoko-wada.com

北欧モダンハウス
建築家が愛した自邸と別荘

2012年8月1日　初版第1刷発行
2019年2月10日　初版第3刷発行

著　　者	和田菜穂子
発 行 者	前田裕資
発 行 所	株式会社学芸出版社
	京都市下京区木津屋橋通西洞院東入
	電話:075-343-0811 〒600-8216
デザイン	古谷哲朗
印　　刷	オスカーヤマト印刷
製　　本	新生製本

©Nahoko Wada　2012　Printed in Japan
ISBN 978-4-7615-2534-7

JCOPY 〈（社）出版者著作権管理機構委託出版物〉
本書の無断複写（電子化を含む）は著作権法上での例外を除き禁じられています。複写される場合は、そのつど事前に、（社）出版者著作権管理機構（電話 03-5244-5088、FAX 03-5244-5089、e-mail: info@jcopy.or.jp）の許諾を得てください。
また本書を代行業者等の第三者に依頼してスキャンやデジタル化することは、たとえ個人や家庭内での利用でも著作権法違反です。